Deshojando
margaritas

Deshojando margaritas

Walter Riso

GRUPO
EDITORIAL
norma

Barcelona, Bogotá, Buenos Aires, Caracas, Guatemala,
Lima, México, Miami, Panamá, Quito, San José,
San Juan, Santiago de Chile.

Edición original:
DESHOJANDO MARGARITAS
de Walter Riso.
Copyright © 1994 por Walter Riso.

Copyright © 1996 para América Latina
por Editorial Norma S. A.
Reservados todos los derechos.
Prohibida la reproducción total o parcial de este libro,
por cualquier medio sin permiso escrito de la Editorial.

Impreso por Cargraphics S.A. — Imprelibros
Impreso en Colombia — Printed in Colombia

Dirección de arte, María Clara Salazar
Armada electrónica, Andrea Rincón G.
Fotografía de cubierta, Helen Karpf

Este libro se compuso en caracteres Stempel Schneidler.

ISBN 958-04-3633-9

8 9 10 11   99 00 01 02

*Para Luciana. Su mirada chispeante,
su pícara sonrisa y su bella adolescencia.
Porque en ella se encarna la nobleza
y la honestidad de una generación
que hará del mundo algo mejor
de lo que hicimos.*

Grábame como un sello en tu brazo,
como un sello en tu corazón,
porque es fuerte el amor como la muerte,
es cruel la pasión como el abismo;
es centella de fuego,
llamarada divina;

Las aguas torrenciales no podrán apagar el amor
ni anegarlo los ríos.
Si alguien quisiera comprar el amor
con todas las riquezas de su casa,
se haría despreciable.

CANTAR DE LOS CANTARES

Contenido

Parte II

Los estilos afectivos y sus alteraciones

Parte III

El afecto positivo y otras Sanas costumbres

Prólogo

Este libro fue concebido originalmente como un texto de autoayuda, orientado principalmente a personas que tuvieran serias dificultades en expresar y/o recibir afecto. Sin embargo, a medida que me adentraba en el tema fui comprendiendo que no hay personas inmunes a los problemas que plantea la convivencia amorosa. De un modo u otro, todos estamos parcialmente afectados por la influencia social que no sólo impide el desarrollo natural y espontáneo del amor, sino que cultiva y promociona precisamente su opuesto: la violencia.

El amor es mucho más que un paquete comportamental. No se enseña a amar, se educa para amar. Es decir, existe una especie de aprestamiento afectivo, una serie de prerrequisitos iniciales que permiten, si el amor se da, vivenciarlo sin tantos obstáculos y maduramente. El amor no se busca, se encuentra. Pero también es cierto que a veces pasa por nuestras narices y no lo vemos. El miedo, las inseguridades, los mitos, la depresión y el estrés, han creado una ceguera ante el amor. Creo que no estamos preparados para descubrirlo y retenerlo. La sociedad aún no ha sido capaz de construir una cultura del amor de la cual podamos alimentarnos.

Una de las funciones más importantes del psicólogo es hacer prevención primaria y secundaria. Es decir, colocar información científica al alcance de la población, para que ésta genere estilos de vida sanos y disminuya la probabilidad de contraer distintos tipos de enfermedades. Una psicología comunitaria, sin tanto diván y sin demasiadas ratas de laboratorio.

La psicología científica, y el enfoque cognoscitivo al cual adhiero filosófica y metodológicamente, se había mostrado tradicionalmente alejado del tema del amor. Aunque se habían producido recientemente algunas tímidas aproximaciones, el temor a alejarse del lenguaje científico y caer en la onda esotérica de la "nueva era", ha mermado con seguridad más de un intento. No obstante, en mi opinión, la ciencia psicológica está avanzando a pasos agigantados, generando cada vez más datos e interactuando de manera estrecha y fructífera con otras ciencia afines como la genética, la antropología, la inteligencia artificial, la biología, la neuroquímica, la lingüística, sólo por nombrar algunas. Quizás sea hora de abarcar el tema.

Muchos hallazgos son incluidos en el presente texto. La intención no es ofrecer técnicas estructuradas de modificación de esquemas y comportamientos, sino brindar información actualizada y fácilmente entendible, señalar líneas de trabajo personal, áreas para desarrollar e inquietudes para pensar.

El libro está organizado en tres partes. En la parte I señalo algunas creencias irracionales culturalmente transmitidas sobre el amor interpersonal y sus consecuencias para la vida personal de la pareja. Propongo una visión más realista y menos romántica. En la parte II hago una descripción de los estilos afectivos negativos, fundamentándome en los nuevos enfoques de desórdenes de la personalidad. También analizo el tipo de intercambio afectivo inadecuado que establecen las personas. Finalmente, en la parte III, menciono algunas sanas costumbres que, a mi entender, contribuyen a fomentar el amor.

Una profunda convicción guía el contenido del texto: el regreso a las fuentes naturales. Es allí donde el ser humano hallará, probablemente, el significado de la vida. Debemos recuperar la capacidad innata de leer en la naturaleza. Ella nos habla todo el tiempo, pero hemos perdido la vieja gramática de la intuición. Un retorno al leguaje natural del amor nos acercaría a una experiencia afectiva menos contaminada, más honesta, respetuosa, digna y realista. Quizás, en las raíces mismas de la evolución del hombre, algo limpio, no corrupto, aún espera por nosotros.

PARTE I

REFLEXIONES ACERCA DEL AMOR: HACIA UN CONCEPTO REALISTA DEL AMOR INTERPERSONAL

*Cuando el amor os llame, seguidle, aunque
sus caminos sean agrestes y escarpados.
Y cuando os hable creedle, aunque su voz
pueda desbaratar vuestros sueños como el
viento asola vuestros jardines.
Así como os agranda, también os poda.
Así como sube hasta vuestras copas y acaricia
vuestras frágiles ramas que tiemblan al sol,
también penetrará hasta vuestras raíces y las
sacudirá de su arraigo de la tierra.*

JALIL GIBRÁN

La gran mayoría de nosotros damos por sentado y estamos convencidos de que amar es la experiencia más gratificante y fundamental de nuestras vidas. Buscamos el amor por doquier, ya que lo consideramos fuente de felicidad y estabilidad, e incluso, no pocas personas estarían dispuestas a comprarlo o alquilarlo, si realmente se pudiera.

Tal como la señalan expertos historiadores, resulta contradictorio que sea precisamente en nuestro convulsionado y acelerado siglo XX donde se haya configurado una especie de religión del amor. Es decir, aunque no parece haber un amor universalmente practicado, amar (y ser amado) suele ser una de las mayores aspiraciones y la principal forma de autorrealización de las personas.

El valor intrínseco del amor ha superado las especulaciones de los inversionistas. Lo hemos convertido en un valor absoluto que trasciende lo terrenal:

"Todo lo bueno es amor" "El amor todo lo puede" "El amor es eterno, inagotable, incondicional", en fin, hasta "Dios es amor", lo que equivale a decir, "amor es Dios".

La cultura nos ha vendido, o mejor, publicitado, una idea romántica, dulce y tierna del amor, tipo Romeo y Julieta (hubiese sido interesante verlos veinte años después de casados) que, desafortunadamente, no parece coincidir con la realidad afectiva cotidiana.

Esta imagen, "inflada" y sobrevalorada, se convierte en la meta hacia la cual dirigimos la mayor parte de nuestras acciones y esfuerzos. La posición simplista de que si logramos amar a alguien todo es posible: amor igual magia. Si se piensa que el acto de amar lo es todo, o casi todo, se convertirá automáticamente en fundamental, determinante y necesario, y si algo, lo que fuere, nos ata, por definición seremos dependientes de ello y la dependencia es el peor enemigo del amor.

Personalmente no creo que el

amor sea un especie de "nirvana senti-mental" donde todo es bello. En mi vida profesional, los peores estragos psicoló-gicos que he tratado han sido causados por sentimientos de amor extremadamen-te intensos. He visto personas destruirse lentamente, atrapados en la maraña de un sentimiento incontrolable y compulsivo por amor a alguien. Se podrá argumentar que "eso", entonces, no es un "verdadero amor", o que en su defecto, se trata de un amor enfermo. Si es así, son muy pocas las personas sanas que realmente experi-mentan ese sentimiento puro y descon-taminado. Bienvenido al mundo de los "anormales" ¿Quién no ha sufrido por amor alguna vez en la vida? ¿Llamaríamos patológicas nuestras depresiones de ado-lescente por no ser correspondidos? El amor, tal como lo conocemos, no parece ser la panacea.

Buda decía que la otra cara del amor es el miedo. En mi opinión, la cul-tura ha mercadeado sólo el lado bueno. Si la mayoría de los humanos no llegan a sentir ese amor teórico y abstracto, pongamos los pies en la tierra y veamos las cosas como son y no como nos gustaría que fueran. Queramos o no, aunque nos neguemos y hagamos pataletas, las personas sufren por eso que llamamos amor. Pareciera que no somos capaces de amar en los términos que marca el concepto y la semántica de la definición filosófico-académica. Los avances en psicología científica muestran que el amor conlleva casi siempre una alta dosis de ansiedad, incluso en niños recién nacidos.

No niego la existencia y la importancia de los lazos afectivos para el ser humano. Lo que rechazo es el concepto mítico y utópico del amor interpersonal. Tampoco menosprecio lo positivo del amor, sino que recalco lo negativo.

El amor que practicamos no es inmaculado. Matamos por amor, nos suicidamos por amor, peleamos por amor, nos anulamos por amor, robamos por amor y sobornamos por amor. El reino del amor es posiblemente el que más sangre ha derramado en la historia de la humanidad y, aunque no poseamos datos sobre su influencia en los desastres económicos, claro está a excepción de Julio César y Cleopatra, siempre he sospechado que las amantes tienen más influencia que Harvard en las grandes decisiones monetarias de los economistas y hombres de negocios. ¿Cuántas veces has sentido envidia y has deseado el mal del prójimo en nombre del amor? Si miramos a nuestro alrededor de manera seria, veremos un sinnúmero de disparates cometidos en su honor. La idea no es negar el hecho de amar, sino prepararnos para desmitificar el amor y colocarlo en su sitio. Debemos entender de una vez por todas que amar a otro humano es un hecho complejo donde intervienen aspectos placenteros y también dolorosos. Aquellas relaciones afectivas que se construyen con bajas dosis de realismo, no son de buen pronóstico. La creencia en un amor interpersonal eterno, que crece y escala montañas, no es objetiva y con seguridad dañina.

Mi actitud frente al amor no es pesimista, sino realista. Inclusive soy optimista ante la posibilidad de que algún día la humanidad alcance un nivel superior en su capacidad de amar y que realmente, como decía Fromm, "Cuando ame a mis hijos ame a todos los niños del mundo a través de ellos". Creo sinceramente que la conciencia de la humanidad producirá una profunda y revolucionaria transformación alrededor del amor y más específicamente de un "amor Krishnamurti", si se me permite el desliz. Pienso que es en las relaciones cotidianas, en el mundo concreto y en la vida de todos los días, donde el ser humano comienza a trascender. Aprender a relacionarse afectiva y efectivamente en el aquí y el ahora, es contribuir a esa transformación.

Desde mi óptica, al menos dos factores han favorecido la glorificación irracional y los malentendidos alrededor del amor. El primero más por desinformación y el segundo más por educación, o mala educación.

La primera cuestión está referida a la creencia de que el amor es **único** y **absoluto**. La idea de un amor estático está, consciente o inconscientemente, arraigada en la mayoría de las personas. Sin embargo, muy a pesar de los viejos románticos, los hechos no apoyan la hipótesis del amor inalterable. El concepto de amor al que estamos acostumbrados es móvil y yo diría que hasta volátil. Hay varios tipos de amor. Las personas no suelen interpretarlo (vivirlo) de manera igual y ha sufrido innumerables cambios desde el punto de vista histórico. Creemos que cuando hablamos de amor estamos diciendo lo mismo. Damos por hecho que nuestro interlocutor entiende el amor de la misma manera, y eso no parece ser así en un gran número de casos. No hay acuerdo en el amor. Como es obvio, y en consecuencia, no todos se comportan de igual manera en el intercambio afectivo. Muchas de las controversias en las parejas se solucionarían diciendo abiertamente qué entienden por dar y recibir afecto. Cualquiera que haya tenido una relación amorosa intensa sabe el gran enredo que se produce por no estar hablando de la misma cosa. A veces optamos por el camino más fácil: mutis por el foro. El enredo sigue, pero no se nota, lo cual es un error: más vale una pelea clara que un acuerdo confuso. No obstante, cabe señalar que algunas parejas se terminan de desbaratar por entrar en un afán desesperado y compulsivo de hablar, al mejor estilo de Bergman en *Escenas de la vida conyugal*. La poca comunicación es mala, la verborrea es insoportable. El camino más adecuado parece ser cuasipolítico: acuerdo sobre lo sustancial y reglas claras.

El segundo factor lo componen cuatro supuestos o creencias erróneas que, aun habiendo sido víctimas de ellas, inexplicablemente las seguimos transmitiendo de generación en generación: *el amor es dicha y placer* (la felicidad del amor), *el amor es para siempre* (la inagotabilidad del amor), *el amor es excluyente* (la exclusividad del amor)) y *el amor todo lo puede* (la incondicionalidad del amor). Estas cuatro formas de pensar se configuran en una verdadera bomba de tiempo, no sólo para los recién casados, sino para cualquiera que inicie una relación afectiva. La realidad parece mostrarnos otra cosa: la naturaleza del amor interpersonal es conflictiva (felicidad relativa), el amor se acaba (si no se trabaja se atrofia), se puede amar a más de una persona a la vez (no es totalmente excluyente) y el amor suele desertar ante condiciones adversas (solidaridad relativa).

La relatividad del amor

Tal como dijimos, la manera de conceptualizar el amor, por ende de sentirlo, es una variable muy importante en las relaciones afectivas. Si se ve el amor como algo absoluto e inalterable que se encuentra más allá de las fronteras y las nacionalidades, cualquier relación estará condenada al fracaso por la misma imposibilidad de llenar los requisitos. Las "fallas" o los "signos" de un amor con minúsculas no se harán esperar. La convivencia cotidiana destruirá las ilusiones y sobrevendrá la decepción. Desgraciadamente, cuando la realidad golpea, es más fácil decir: "No me amas de verdad", a concluir: "Mi creencia sobre el amor es irracional".

Un ejemplo diciente de lo relativo del amor se produce en las relaciones esquimales, donde el hombre entrega sexualmente a su mujer a la visita como acto de cortesía. ¡La ofensa está en que no se acuesten con la señora! Una persona con un criterio inflexible del amor diría que están locos y que el pobre esquimal es un cornudo. Un antropólogo hablaría del relativismo cultural y de que las cosas deben comprenderse dentro de su contexto histórico, lo cual no implica que entregue a su señora a la próxima visita.

La concepción del amor también ha variado a través de la historia de la humanidad. Es sólo a finales del siglo XVI, en Europa principalmente, donde el amor comienza a considerarse de manera abstracta y sin tener en cuenta a la persona. Hasta ese entonces el amor era inseparable de quien lo ejercía. Estaba particularizado: "Los amores de fulanita". La idea abstracta de amar sólo era tema de interés para la religión y la moral. El amor era visto como una relación y, según algunos autores, la noción de sentimiento parece desconocida en ese siglo.

La humanidad parece haber evolucionado de un concepto objetivo, particular y exterior de amor, a una idea más abstracta, interior y universal en el siglo actual. Si este cambio sugiere un avance o un retroceso, está por verse.

Este ascenso del amor a la categoría de sentimiento, se configura más claramente en el siglo XVIII, cuando comienza a imponerse la moda del amor conyugal (también fue una de las épocas de mayor promiscuidad). Hasta ese entonces se hablaba del amor, pero no del amor matrimonial. El matrimonio iba por un lado y el amor por otro. El objetivo del matrimonio era fecundar y procrear, para garantizar así una descendencia y los consabidos herederos. El matrimonio tenía la función de "aliar", por lo tanto, más que amor, se pedían deberes conyugales que permitieran sostener la relación. El matrimonio por "conveniencia" (al cual se referiría Nietzsche un siglo después) se privilegiaba sobre el matrimonio por "inclinación" (amor), ya que parecía más seguro y duradero. La idea era que el amor "pasional", "profano", "insensato", "loco" y "poco casto", se acababa con el tiempo y lo que quedaba era la disolución de la pareja y las fortunas. Más aun, algunos datos sustentan que en el siglo XVII los jueces sancionaban drásticamente los matrimonios "por amorío" y no aceptaban de ninguna manera una disolución por falta de amor. Los amores "demasiado ardientes" eran vistos como peligrosos. Algunos señores feudales decidieron instalar prostíbulos en sus comarcas para que sus descendientes, y los amigos nobles, se mantuvieran "desahogados" y no cometieran disparates por deseo o atracción sexual-pasional.

A regañadientes, después de un siglo de polémicas, estado e iglesia se ven obligados a aceptar explícitamente y legalizar la idea de que el amor podría llegar a ser la base del matrimonio. Aunque algunos avanzados católicos del siglo XV (Dionisio de Cartujo) y XVI (Tomás Sánchez) promulgan un alivio a los estoicos cristianos de la época, es en 1964 cuando el Segundo Concilio Vaticano funda y reafirma definitivamente el matrimonio, tanto sobre el amor como la procreación. Es precisamente en esta década cuando el amor se acepta sin condiciones y definitivamente se universaliza a través de otros movimientos sociales.

¿La forma de amar varía con las épocas? Parece que sí. Era distinto amar en el aquel entonces que ahora. La historia muestra no sólo un cambio significativo en la noción de amor, sino en la manera de expresarlo y valorarlo.

El amor tampoco está por encima de las costumbres. Es distinto amar en Japón que en Colombia. Y sin ir tan lejos, las relaciones afectivas hombre-mujer en la Costa son considerablemente diferentes a la de los antioqueños. Cualquier pareja sabe que el amor es cambiante.

Si encasillas el amor en una definición rígida y lo miras como una experiencia salida de la realidad, te defraudará. Perderás la capacidad de vivirlo como un evento totalmente fresco y nuevo. Lo contaminarás con tus prejuicios y prevenciones. El amor necesita libertad, sin evaluaciones autoritarias y criterios dogmáticos.

Muchos de mis pacientes, frente a nuevos contactos interpersonales, dicen: "Sí pero... no era lo que esperaba". Al analizar sus expectativas suelo encontrar una posición irracional ante el amor, sumamente novelesca y ciega, sustentada en vivencias ajenas, libros, películas, telenovelas y valores sociales, los cuales promocionan el absolutismo del amor. Las actitudes mentales estrechas no dejan entrar el amor, porque el amor necesita espacio para manifestarse y crecer.

Como acercarse al amor sin creencias parece ser muy difícil, aunque sería lo más recomendable, tratemos al menos de aproximarnos a él con una actitud de exploración abierta y no con la molesta intención de verificar el concepto de amor que nos han enseñado. Cuando intentamos imitar otras experiencias afectivas disecamos el amor, lo convertimos en una burda réplica o, a lo sumo, en una buena falsificación.

La historia enseña que cada época, pueblo y comunidad, además de herramientas y medios de producción, construye su propia noción de amor, y cuando dicha noción se instaura y solidifica, se transforma en una imposición tajante que, paradójicamente, no deja amar libremente.

La multiplicidad del amor

Definitivamente, la idea que manejamos del amor no es un bloque indivisible. Los sinónimos aceptados, según un reconocido diccionario, ascienden a setenta y ocho. El amor se ha dividido en profano y santo, puro e impuro, deshonesto y honesto, verdadero e ideal, sano y enfermo, loco y cuerdo, pasional y racional. También se ha propuesto diferenciarlo de acuerdo con el objeto amado: amor filial, maternal, a sí mismo, a Dios, amor incestuoso, etc. Otras propuestas, que no señalaré aquí, han intentado "despedazarlo" en trozos, afortunadamente sin éxito.

Independiente de las múltiples acepciones del término, la experiencia subjetiva y el sentido común nos hacen concluir que no existe un amor único. No se ama igual al esposo que al hijo, el sentimiento de afecto hacia un amigo difiere del amor amante, y así. Si bien pueden hallarse mezclas tipo "amada amanti", por lo general hay comportamientos muy definidos y claros donde vamos depositando, diferencialmente, nuestros mejores afectos.

Desde mi punto de vista, la mejor manera de clasificar "los amores" es apelando a los procesos y la funcionalidad de los mismos para el individuo. En esta dirección propongo tres subtipos de amor (sin desconocer otras posibilidades): Tipo I (más emocional), Tipo II (más racional) y Tipo III (más biológico). Analizaré cada uno en detalle.

Amor Tipo I

El proverbio "hay amores que matan" es real y existe. Para muchos es una dulce muerte y una bendición. Para otros la peor de todas, porque es lenta y desgarradora. No me refiero a garrotazos o golpes físicos, que también matan, ni al desamor que produce un rechazo, sino a las consecuencias de "amar" demasiado a alguien, incluso siendo correspondido. Yo agregaría: "Hay amores que duelen".

Todos hemos tenido "tragas" y enamoramientos que se volvían por un tiempo inmanejables. Casi como una obsesión, invadían nuestro espacio y pensamientos durante todo el día. Al levantarnos por la mañana, como un fuego, la imagen de la persona "amada" llenaba el interior de nuestro ser y todo ardía en llamas. En muchos casos, ese calor escapaba de control y se convertía en un verdadero incendio de proporciones gigantescas. Había un momento, un instante, a partir del cual ese sentimiento producía un efecto inesperado e incontrolable: nos volvía un fracaso adaptativo.

Mis características psicológicas durante los primeros días de mi primer amor eran: baja concentración, falta de atención y dispersión mental, lentitud al hablar, movimientos torpes, baja generalizada de rendimiento (deporte, estudio), hipomanía (esto significa euforia exagerada), inapetencia, trastornos del sueño (agradables, pero trastornos al fin), obsesión, mi musculatura se volvió flácida, para citar sólo algunas de ellas. La motivación estaba reconcentrada en un punto, por lo tanto, todo me importaba un rábano (algo así como, "ella lo es todo"). Si esa sensación, que afortunada o desafortunadamente he vuelto a sentir a lo largo de mi vida en otras ocasiones, se hubiera mantenido por un tiempo más prologado, mi organismo hubiese entrado en colapso. No podría haberme adaptado al medio, ni haberlo soportado físicamente. Creo que mi cociente intelectual, que supuestamente debe mantenerse estable, bajó durante esa época; una sonrisa medio estúpida acompañó mi expresión facial. Pero, pese a todo, era feliz sintiendo aquello, y lo que era más extraño aun, no quería que se acabara. Como un sediento de amor, demandaba más y más de esa sensación apabullante.

¿Es posible que esa sensación perdure más de lo necesario? No es muy común, pero en algunos casos sí. Algunas personas tienen el don (¿o la mala suerte?) de que cuando son tocadas por esta especie de virus afectivo, permanecen demasiado tiempo en él. Depende de la vulnerabilidad afectiva o de la predisposición a sentir. Hay individuos hipersensibles al amor y otros insensibles. Estas variaciones están determinadas por factores psicológicos, familiares y posiblemente genéticos. Uno de mis clientes sufrió de manera frecuente brotes de amor Tipo I hacia la misma persona, durante cuatro años.

Veamos este relato de la paciente K, afectada de amor Tipo I, durante los tres primeros meses de relación con su amante:

"Es como si me doliera el alma. Usted no alcanza a saber cuánto me agota y cansa este sentimiento... Va a acabar conmigo... No hago otra cosa que pensar en él todo el día... Las cosas no me producen el mismo placer... Lo único que quiero es estar con él... Hasta he descuidado a mis hijos...

"¿Qué pasa doctor? ¿Acaso me estoy enloqueciendo? Espero la noche con ansiedad para dormirme y ya no pensar... Esto es demasiado fuerte e intenso... No sé cómo manejarlo... Realmente no sé si quiero manejarlo... Cuando estoy con él es como si le pusieran color a la vida. Vivo todo el tiempo esperando esos momentos... A mi marido lo quiero, pero no sé... No es lo mismo. Esto es mayor que mis fuerzas..."

Contrariamente a lo que podría pensarse, K era una señora de 35 años, sin problemas psicológicos especiales, con una muy buena familia y un marido con el cual mantenía buenas relaciones afectivas y sexuales. Se destacaba profesionalmente como persona segura, eficiente y con excelentes relaciones interpersonales. He visto hombres supremamente poderosos, líderes económicos y políticos, comportarse como una mansa oveja frente a un amor Tipo I. También los he visto derrumbarse psicológicamente y llorar como niños indefensos. El amor Tipo I vuelve frágil a la persona más fuerte.

Tratemos de no evaluar ni enjuiciar moralmente la conducta de K por un instante. El deseo sexual, en este caso, era secundario. La señora K no necesitaba fisiológicamente a su amigo, sino afectivamente: lo amaba.

Tenemos la tendencia a pensar: "Algo tenía que andar mal, para que a esta señora le pase algo así". Sin embargo, en este caso, como en tantos otros, no pasa nada; ningún evento de la vida del sujeto "explica" el enamoramiento. No tengo que estar necesariamente con SIDA para que me ataque un "dengue" o cualquier virus similar. Puedo estar bajo de defensas, pero no debo estar enfermo previamente para que me pesque un resfriado. En el caso del amor Tipo I, "éso" simplemente llega. No se busca, se encuentra en cualquier parte.

Para mí, la fidelidad es una combinación de autocontrol y principios y no, como han querido hacernos creer algunos moralistas, ausencia de deseo y sentimientos. La fidelidad no es otra cosa que saber anticipar y evitar. Pero ante algunos amores Tipo I es tal la fuerza y la rapidez con que aparecen, que no hay autocontrol ni razones que valgan. De manera similar se esfuma cuando quiera, no cuando se lo demandan las circunstancias o los malos comportamientos de la media naranja. Entre otras cosas, la señora K duró ocho meses con el amor Tipo I, hasta que desapareció solo.

Es como el miedo a las cucarachas. Uno puede explicarle al paciente que son pequeñas, menos fuertes, que no son infecciosas, fáciles de matar, etc. Al cabo de cuarenta y cinco minutos, el sujeto dirá que lo entendió, se sentirá más animado y hará votos de valentía de no volver a caer en tan miserable, absurdo e indignante miedo. Sale, ve una cucaracha y se desmaya. Le entró por un oído y le salió por el otro. La fuerza del miedo puede más que la razón, cuando el primero es intenso. En cierta ocasión le dije a un paciente que quería dejar a su amante, que se la imaginara defecando. Al sujeto le pareció interesante la sugerencia porque era muy escrupuloso. Luego de utilizar imaginación emotiva (así se llama la técnica) por un espacio de un tiempo considerable, abrió los ojos y sonriendo me dijo: "¡Se veía tan bella!" En el amor Tipo I, el corazón puede más que la fría lógica.

Este aspecto nos aproxima a la idea de que el amor Tipo I tenga alguna base bioquímica que lo sustente (la famosa "química") o subcortical que lo regule. Cuando se dispara, tira por la borda cualquier cosa que se le atraviese, razón incluida. Este arraigo en lo impulsivo nos recuerda aquellas enfermedades psicológicas, cuyos esquemas son básicamente afectivo-biológicos, es decir, donde el aprendizaje no es tan claro.

La mayoría de los "afectados" ni siquiera saben decir cuándo y dónde comenzó: "No sabría responderle doctor, fue como de pronto... Sin darme cuenta y ahí estaba". No es explicable.

No estoy justificando la infidelidad o las locuras que se cometan bajo los efectos del amor Tipo I, sino mostrando dos de sus características fundamentales: la incontrolabilidad y la irracionalidad.

¿No hay razones lógicas que expliquen la ocurrencia del amor Tipo I? No niego que las pueda haber, pero técnicamente hablando, son sumamente difíciles de hallar. Y aunque existan factores mentales y ambientales predisponentes, su peso es mínimo a la hora de producir cambios. Algo similar a lo que ocurre en el síndrome premestrual, las depresiones de corte bioquímico y las fobias preparadas o heredadas.

El amor Tipo I, entonces, parece estar definido por un proceso más fisiológico-subcortical-primitivo-bioquímico. Generalmente funciona como una emoción intensa y de duración no muy larga (aunque hay excepciones).

Desde el punto de vista psicológico presenta los siguientes problemas para el sujeto:

A. Durante su estadía, el sistema de procesamiento humano sufre un número considerable de alteraciones en la memoria y la codificación informacional, en la resolución de problemas y en la ejecución de tareas (errores, torpezas).

B. Demanda un gran gasto energético, por lo que después de un tiempo sobreviene el cansancio físico y psicológico.

C. Absorbe todo el potencial hedonista y, en consecuencia, los otros factores motivacionales del ambiente inmediato pierden valencia y fuerza. El sujeto se vuelve dependiente al extremo de su fuente de placer.

D. Durante este tipo de amor se pueden cometer las locuras más extravagantes como, por ejemplo, contraer nupcias o suicidarse. El nivel tan intenso de afecto encubre cualquier cosa, como el agua en un embalse. Pero luego, cuando descienden los caudales, aparecen cosas que el sujeto nunca había visto. Lo que antes era hermoso (v.g. el aliento por la mañana) ahora resulta espantoso e insoportable.

E. El estado afectivo, al estar alterado, no discrimina con claridad los afectos de otras personas diferentes al amor principal, de ahí que los amigos, los padres, los hermanos, todos pasan a un segundo plano.

F. Debido al predominio subcortical, las razones lógicas (corteza cerebral) no producen efecto e incluso molestan. El sujeto con amor Tipo I sólo soporta estar con personas que acepten su comportamiento. Si algún amigo o amiga critican lo "apasionado" de su amor, el sujeto los convierte automáticamente en enemigos.

Desde una perspectiva evolucionista, es decir, para la supervivencia de la especie humana, ¿De qué sirve el amor Tipo I? ¿Cuál es su función biológica? ¿Cuál su valor adaptativo? Considerando su sustrato orgánico, se esperaría un sentido biológico. Sin embargo, no se necesita para el apareamiento sexual de la especie (el deseo ya cumple esa función con bastante éxito), ni tampoco para producir aproximación física con el fin de brindar protección (el que sufre de amor Tipo I apenas si es capaz de cuidarse a sí mismo).

Los hechos tienden a mostrar que el amor Tipo I es una simpática enfermedad transitoria, socialmente aceptada, de carácter alucinatorio, no contagiosa, pero en algunos casos peligrosa. Posiblemente, al no poder controlarla, las culturas optaron por permitirla. Desgraciadamente, no hubo campañas de prevención sobre las contraindicaciones que acompañaran la legalización.

El amor Tipo I nos transforma en una especie de licuadora en corto-circuito, pero hemos aprendido a convivir con él y a soportarlo. Después de todo, y pese a los riesgos, no hay sensación igual. Además es gratis y no da cárcel.

El amor Tipo I no se puede cultivar, simplemente es. Cuando llega no pide permiso, se impone como una de las experiencias conocidas más intensas. Su "magia" se nos manifiesta como un hecho incuestionable, la cual nos arrastra irremediablemente al éxtasis. El amor

Tipo I no es para "pensarlo", sino para vivirlo, y por qué no, para disfrutarlo.

No obstante, tal como señalé anteriormente, estar "enamorado del amor" puede ser una forma de adicción encubierta que empuja al organismo hacia el agotamiento psicológico y las frustraciones permanentes. Las ganas desesperadas de amar, como cualquier tipo de deseo, en última instancia, es destructivo. Si haces del amor Tipo I una necesidad básica y fundamental, te convertirás en un adicto afectivo.

"El amor — decía Tagore — es como las mariposas, si tratas de alcanzarlas desesperadamente, se alejan; pero si te quedas quieto, se posan sobre ti".

Amor Tipo II

A diferencia del intenso y chispeante amor Tipo I, el amor Tipo II se caracteriza por ser moderado, reflexivo, controlable y duradero. Este amor da mucha cabida a la razón, el esfuerzo y la responsabilidad contraída. Obviamente, es más aburrido y flemático. Esta emoción mentalizada, con el tiempo se estabiliza y adquiere la forma de sentimiento sosegado y apacible. Representa, a mi entender, el amor que define las llamadas "buenas relaciones matrimoniales".

Interviene principalmente la corteza cerebral y, por lo tanto, es producto de la consciencia. Mientras el amor Tipo I es un potro desbocado, el amor Tipo II está permanentemente sometido a evaluación y control por parte del sujeto. Es decir, es manejable.

Esta posibilidad de modulación afectiva se utiliza principalmente para empujar, rescatar y nivelar las bajas afectivas. Cuando la pasión que acompaña al amor Tipo I cae vertiginosamente, el empleo serio y persistente de la voluntad puede llegar a levantarlo hasta un punto medio, menos intenso, pero más seguro, y se configura el amor Tipo II. Los optimistas sostienen que con trabajo y atención despierta, es posible mantener el afecto y el deseo dentro de ciertos límites tolerables y permitidos; los pesimistas niegan esa posibilidad y los realistas son escépticos. Desde su perspectiva yogi, Paramahansa Yogananda simplemente lo considera innecesario:

"El matrimonio resulta innecesario para quienes ya se han casado con toda la intoxicante dicha divina. De ahí que Jesús, San Francisco, el Swami Shankara, Babaji y otros hayan permanecido solteros pues habían encontrado el amor divino y la alegría perfecta y su compañero perfecto en el amor perfecto y completo de Dios; no necesitando por tanto, del matrimonio humano.

"El matrimonio es sin embargo, una manera ilusoria de encontrar a Dios. Las parejas de casados, en la luna de miel o bajo el influjo de la pasión o la emoción, se prometen uno al otro amor eterno; pero al morir ellos la luna se ríe de sus esqueletos regados por las tumbas y de todas las piadosas mentiras que se dijeron bajo el intoxicante influjo de la emoción, y de todas las promesas que dejaron de cumplir en la vida".

Una buena relación de amantes necesita una dosis alta de amor Tipo I. Aquí el esfuerzo y la voluntad son innecesarias. El compromiso es hormonal, insisto, no necesariamente sexual. Predomina el principio del placer.

Una típica relación de esposos necesita amor conyugal Tipo II. Aquí la taquicardia y las ganas incontrolables son un estorbo, si es lo único que se tiene. Se necesita convivir. El sentimiento, mediado por la razón, permite sobrellevar momentos difíciles, resolver problemas y controlarse cuando sea necesario. Predomina el principio de la realidad.

Reconozco que la anterior aseveración no puede llevarse al extremo. Si el amor conyugal fuera únicamente voluntad y compromiso, como sostenían algunos psicoanalistas, sería una obligación asfixiante. Si el amor fuera sólo un acto mental puro, no sería distinto a jugar un partido de ajedrez. La responsabilidad asumida de compartir una vida sin nada de amor, es una de las formas más terribles de esclavitud. Obviamente, en el contrato matrimonial debe existir afecto, no necesariamente amor Tipo I o amor pasional tipo noviazgo, pero sí un sentimiento positivo de aproximación y de bienestar compartido, además de una buena dosis de atracción sexual. Una relación basada únicamente en la conveniencia mutua, se tornaría intolerable. Un aséptico amor Tipo II convertiría el amor en un simple acto administrativo.

El amor Tipo II parece ser más adaptativo. No altera tanto el funcionamiento total del sujeto, es más refinado y elegante (menos primitivo), desarrolla un autocontrol saludable para la convivencia monogámica y no interfiere las capacidades de procesamiento de la información necesaria para la supervivencia del ser humano. Más aun, facilita la resolución de problemas en situaciones de incertidumbre afectiva.

Sin embargo, debido a que la respuesta fisiológica y el sentimiento que lo acompaña tienden a ser planos, existe una probabilidad alta de caer en el tedio. El amor Tipo II necesita estimularse y "sazonarse" de vez en cuando con locuras simpáticas similares al amor Tipo I. Jugar con el deseo y la atracción si la hubiera, mediante fantasía e imaginación creativa, permitirá emocionalizar el amor mental de vez en cuando, enchufarle energía afectiva y escapar de la monotonía. Si se logra el punto adecuado, el amor Tipo II, además de realista, dejará de ser cansón. El genial Bertrand Russel afirmó: "Una buena vida es aquella inspirada en el amor y guiada por la inteligencia".

Cuando la actividad emocional no es muy intensa y existen otros componentes, la corteza cerebral, por medio del pensamiento, puede influenciar su intensidad y frecuencia. El nivel de afecto que se maneja en el amor Tipo II, al no ser tan fuerte, permite lo anterior. Si no estimulas la parte emocional del amor Tipo II, se agotará. Desde este punto de vista, amar sí es un decisión.

En cierta ocasión hablaba sobre este tema con uno de mis pacientes, el cual pensaba que el matrimonio estaba pasado de moda y debía abolirse. Consideraba, además, que su matrimonio era muy harto y aburrido. Le expliqué que realmente dependía de él y que si sentía algún afecto positivo por su esposa, valía la pena intentarlo. "Usted puede intentar cambiarlo. No sé si lo logrará. Puede probar a ver qué ocurre, pero no se resigne. Si no funciona, ya sabrá qué hacer". Cuando me preguntó qué se necesitaba para lograr cambiar el fastidio y el ostracismo cotidiano, por felicidad y alegría, le contesté: "Las personas que han estado en su situación y han logrado rescatar su matrimonio sostienen que se necesitan tres ingredientes básicos: tenacidad, persistencia y paciencia". Me miró, hizo una pausa prolongada, movió la cabeza de lado a lado y dijo: "¡Dios mío!" Creo que en ese instante, después de casi diez años de casado, comprendió que se hallaba inmerso en un amor Tipo II más exigente y menos alegre que el Tipo I. Nunca volvió a sus citas.

Amor Tipo III

La estructura subyacente del amor Tipo III es biológica, heredada, instintiva y compartida por un grupo considerable de la especie animal. Su función principal es la de mantener la supervivencia de la especie mediante la protección y el cuidado de los indefensos recién nacidos. La esencia psicológica central de este amor es la incondicionalidad.

Mientras el amor Tipo I es más emocional (se siente mucho) y el Tipo II más pensante (se reflexiona mucho), el amor Tipo III es más comportamental. La madre prodiga cuidados, debe ser responsiva (responder) a las necesidades del niño y actuar. El amor maternal debe "verse" para que exista en su verdadera dimensión. El amor maternal es entrega, porque "dar" es la única forma de garantizar su función de ayuda. Más aun, el amor Tipo III no puede esperar nada a cambio, porque perdería eficiencia. Aunque la madre adquiere beneficios afectivos secundarios y se "realiza" a través de sus hijos, los comportamientos están dirigidos a socorrer y asistir desinteresadamente. Cuando más la necesitan, más se despliega la conducta dadora: "Al hijo calavera es al que más se quiere". No estoy hablando de una madre ideal, sino del proceso básico que sustenta su papel. Habrá madres más "mamás" y otras más "madrastras". Las hay buenas y malas. Pero la gran mayoría desempeña su papel altruista durante toda la vida.

Si bien el padre interviene activamente y algunos parecen madres, no creo que exista una tendencia biológica e instintiva a desarrollar apego hacia el hijo tan fuerte como en la mujer. Es indudable que el padre es más condicionante. Los hombres nunca somos simbióticos con nuestros descendientes, al menos físicamente, lo cual nos coloca desde el comienzo en un papel más independiente y menos comprometido. Sin embargo, los factores ambientales y de aprendizaje social compensan esta desventaja, y el hombre puede desarrollar repertorios de protección supremamente efectivos.

Esta predisposición biológica a cuidar a sus hijos, posiblemente sea la explicación de por qué las mujeres aman tan intensamente. Aunque es posible hallar excepciones, pienso que las mujeres son más fuertes y valientes al amar, no sólo maternalmente, sino en general. No me imagino una versión masculina de *Atracción fatal*. Una mujer enamorada, casi siempre, es más peligrosa que un hombre enamorado. Ésta no es una posición machista, sino feminista.

A veces, el amor Tipo III se generaliza trasladándose a otras personas distintas. He visto pacientes con una capacidad de producir amor Tipo III verdaderamente impresionante. Cuando los repertorios básicos de apego y cuidado son muy fuertes, es posible que se mezclen inadecuadamente con el amor Tipo I o Tipo II. Son las parejas donde ella sobreprotege y contempla al marido de forma maternal, le soluciona los problemas antes de que ocurran, lo regaña y lo "educa", habla en su lugar y hace el amor, obviamente incestuoso, por él. La versión masculina de este tipo de relación es el paternalismo; pero cuando el hombre es paternalista, no ama como la mujer, sino que subestima. Es indudable que el amor maternalista y paternalista ofrecen ciertas ventajas transitorias para la adulta-niña (v.g. la comodidad), pero con el tiempo generan inseguridad, dependencia y pérdida de autoestima.

Mientras el amor Tipo I es egocéntrico (busca sentir) y desequilibrado hacia uno mismo, el amor Tipo III es adjudicador (busca hacer sentir) y desequilibrado hacia afuera.

Quizá una buena relación afectiva interpersonal necesite tanto la pasión del amor Tipo I (deseo-atracción, admiración total) como la reflexión del amor Tipo II (sintonía, respeto, comunicación) y la búsqueda del bienestar del otro con un amor Tipo III (sensibilidad-compasión). Para ser más preciso, una alta dosis de amor Tipo II, con descargas esporádicas de amor Tipo I y aproximaciones Tipo III no sofocantes, configurarían un buen pronóstico afectivo para la coexistencia humana en pareja. Si es fácil o difícil producir tal combinación, está en discusión.

La supuesta felicidad del amor

El amor interpersonal, al menos en este mundo, no está libre de problemas. Cada amor arrastra su propio lastre que le impide volar. Si hay sobrepeso, ni siquiera permite el mínimo desplazamiento: el amor se vuelve inválido. Amar no es como soplar y hacer botellas, aunque tengamos todas las buenas intenciones. Establecer un vínculo afectivo es iniciar un intercambio que incluye lo que uno verdaderamente es. Podemos disimular los defectos al comienzo, pero las máscaras cansan y a la larga o a la corta, nos pillan. El acto de amar expresa lo que uno es, con "taras" y traumas incluidos. Es imposible desligar el lado malo y sólo entregar lo bueno: el amor es un problema de calidad total.

En la manifestación del amor se refleja la fibra íntima del ser humano, sin tapujos ni disimulos. La desnudez psicológica que exige cualquier relación afectiva bien intencionada, confronta, y por eso asusta.

El amor interpersonal no puede encerrarse en una urna y alejarlo de la contaminación de los propios temores, envidias e inseguridades, porque somos ese amor. Decir que el amor está libre de problemas y conflictos, es querer desconocer la esencia misma de su principal ejecutor. No solamente creamos la forma de expresar el amor, sino su contenido. Una persona realista en el amor sabe esto, no espera recibir "peras del olmo".

Estoy afirmando que el amor es inseparable de quien lo administra; si conocemos el agua que nos moja, estaremos alerta y evitaremos las sorpresas desagradables. Una de mis pacientes aún se sorprendía negativamente, después de cuarenta años de casada, porque su esposo no era detallista con ella.

Sin llegar a esos extremos, amar es perder unas cosas por otras. Independiente del placer que nos proporciona o con el gusto que lo hagamos, el amor siempre arrebata, reclama y expropia algo importante de uno. Hay que estar preparado para ello. Algunas veces lo devuelve con creces, otras no.

Me pregunto si es posible, que siendo como somos, el amor entre humanos se mantenga ajeno al sufrimiento y sea fuente de felicidad plena. Sería estúpido negar los momentos de dicha y placer que existen en las relaciones amorosas. Pero como vimos anteriormente, depende del tipo de amor. El amor Tipo I es una especie de orgasmo en cadena. En el amor Tipo II y Tipo III los minutos de dicha no son tan frecuentes como han querido hacernos creer. Yo diría que ante algunos deberes socialmente asumidos e inescapables, no tenemos otra opción que verlos como una "responsabilidad gustosa", una "obligación limitada agradable" o una "resignación sabrosa irreversible". La famosa cruz de las abuelitas: el culto al sufrimiento.

Los datos disponibles por la ciencia moderna hacen pensar que el conflicto es inherente a las relaciones interpersonales afectivas. Desde mi óptica, y tal como puede observarse en las relaciones tempranas que el niño establece con su madre, la ambivalencia acompaña el vínculo afectivo prácticamente desde sus comienzos.

Primero señalaré dos de los más importantes comportamientos innatos del hombre: el apego y la exploración, para después analizar sus implicaciones para el amor interpersonal.

El comportamiento de apego

El niño al nacer trae consigo distintos comportamientos instintivos que facilitan la supervivencia en un mundo amenazante y peligroso. Por ejemplo, la expresión facial y el llanto cumplen la función de avisar a otros que algo anda mal. Pese al respetable intento genético de la naturaleza por proteger al infante, los repertorios de conducta que se heredan no son suficientes. El hombre es el animal que más se demora en independizarse de sus protectores dentro de la escala zoológica. En el momento de su nacimiento, es el ser más expuesto e indefenso. Es increíble que un ser tan vulnerable y frágil llegue a transformarse en el mayor depredador conocido en la historia del planeta. De todas formas, el niño no puede subsistir por sí mismo hasta después de varios años de entrenamiento y maduración fisiológica. El niño *necesita* los cuidados de alguien para sobrevivir. El ser humano nace dependiente y, por ende, utilitarista. La aproximación y la búsqueda de la fuente de seguridad por parte del niño en los primeros meses de vida, más allá de nuestra romántica aspiración, está asentada en la emoción primaria del miedo.

Al repertorio comportamental instintivo que intenta alcanzar y conservar la proximidad de algún individuo para obtener sus cuidados, se la denomina *conducta de apego*. Su importancia es obvia para la supervivencia del recién nacido.

Mientras la figura de apego o el cuidador permanezca asequible y disponible para sus necesidades, el niño mostrará un accionar adecuado y la conducta de apego no se manifestará. Pero si la figura de apego desaparece o no brinda la consistencia y seguridad requerida, el repertorio de apego se activará por medio de gritos, llamadas, llanto o agresión. El objetivo es avisar al progenitor: "No estás haciendo bien tu trabajo y me estás exponiendo a riesgos innecesarios". Si el cuidador (madre o padre) no son responsivos a los requerimientos básicos del infante, el aviso puede adquirir la forma de "apego ansioso", aferrándose y tocando permanentemente hasta recibir algún tipo de información tranquilizadora. Por lo general, la activación del apego del niño "mueve" en los padres emociones muy fuertes, probablemente también genéticas, que impulsan a socorrerlo. Con el transcurso del tiempo, este intercambio altruista-utilitarista lleva a establecer vínculos afectivos, no sólo con sus progenitores sino con todos los humanos. La tendencia "a cuidar" de la madre y la necesidad de "buscar protección" en el niño, se complementan biológica y afectivamente.

Como recibir atención y mimos es relajante, el niño puede aprender a obtener afecto por medio del repertorio de apego, aunque no se encuentre en situaciones reales de peligro: lo que conocemos como "pataletas". Los niños no son humanos a medio terminar, ni tampoco son estúpidos.

El comportamiento de apego nunca desaparece. Está latente toda la vida y puede dispararse o no, dependiendo de las circunstancias. En determinadas situaciones, el apego y desapego exagerado pueden convertirse en un verdadero problema para el sujeto y requerir ayuda psicológica o psiquiátrica. Si la figura de apego es distante, poco preocupada o inmadura, no será confiable, y el niño se sentirá inseguro, desprotegido y ansioso. De otra parte, si la figura de apego desaparece por muerte, separación o enfermedad, es probable que se produzca la depresión infantil. Es común ver como algunos padres pudientes, luego del "gran esfuerzo" de tener al niño, se lo entregan a una experta enfermera y escapan un mes o dos a descansar. Si pudiéramos ver lo que el niño sufre y piensa, algo así como *Mira quien habla III,* nos sorprenderíamos. Existe la idea de: "Como apenas tiene seis meses no se va a dar mucha cuenta". Las investigaciones, no tan recientes, dicen que sí se da cuenta. Por más amable, profesional y querida que sea la enfermera o la madre sustituta, ella no ha decidido amar al niño, sino cuidarlo lo mejor posible; se irá cuando se termine el contrato. Y aunque no todos los niños pequeños se deprimen, un buen porcentaje comienza a mostrar síntomas si la madre no está presente. Es cierto que la calidad del tiempo es más importante que la cantidad. Madres trabajadoras pueden brindar amor y contacto físico mucho mejor que madres disponibles, aunque sea durante menos horas si hay verdadero amor. Pero "desaparecer" sin contacto de ningún tipo (el bebé no sabe si llaman por teléfono), es sustancialmente diferente y más impactante. El niño lo siente, así lo demuestran los estudios en epidemiología.

La conducta de apego, pese a su indudable importancia para la supervivencia, no parece ser el mejor exponente de un amor desinteresado. El apego, casi siempre, es el terreno donde prospera el temor y la inseguridad. Desgraciadamente parece ser la esencia de la primera relación afectiva. La genética no sabe de amor ni de felicidad.

La conducta de exploración

Explorar es descubrir y descubrir es aprender. Es la forma natural de recibir información y estimular el cerebro. Esta tendencia innata es supremamente fuerte, porque de no realizarse, los esquemas encargados del aprendizaje y la maduración se atrofiarían. Investigar el medio permite generar más mielinización cerebral, pulir los repertorios de conducta, agilizarlos y desarrollar seguridad en sí mismo (autosuficiencia sana). Mientras la conducta de apego está relacionada con la percepción que el niño construirá de las personas (qué tanta confianza me inspira la gente), la exploración es la base de la autoeficacia o la confianza en uno mismo. Salirse del "hábitat" permite ponerse a prueba y avanzar. En otras palabras, explorar es crecer. Si las incursiones del niño son frecuentemente castigadas o no exitosas, el niño desarrollará la idea de un mundo peligroso y amenazante. Perderá independencia: "Necesito de alguien más fuerte que yo, no soy capaz de hacerlo solo". La sobreprotección puede generar efectos similares: "Si me protegen tanto, por algo será; el mundo es muy peligroso o no tienen confianza en mis capacidades".

Necesidad de protección (seguridad) vs. libertad (autonomía)

•Cierta vez, un burro tenía mucha hambre, pues hacía varios días que no había podido ingerir alimentos. Alguien, afligido por el sufrimiento del pobre animal, le llevó un apetitoso fardo de heno y otro de alfalfa, igualmente tentador. Colocó uno a cada lado del animal y se retiró para que el burro se diera el gran festín. Al cabo de un tiempo volvió con dos nuevos fardos y se encontró con una verdadera sorpresa: el heno y la alfalfa estaban intactos y el burro yacía entre ambos sin vida: ¡Había muerto de hambre! No había sido capaz de escoger. Este instructivo relato, conocido como *La pa-*

radoja del burro de Ballam, muestra claramente una de las respuestas más comunes frente a dilemas importantes: la inmovilización.

En la vida cotidiana, permanentemente tomamos decisiones de todo tipo, y aunque ellas requieren siempre cierto desgaste para el organismo, aceptamos su utilidad. Convivimos con ellas y no somos necesariamente conscientes de cuándo y cómo las realizamos. Sin embargo, la vida también nos impone situaciones en que la elección requiere de un gran costo energético. En esas situaciones vitales, en las cuales la elección adquiere una gran significación para la subsistencia personal, se producen los dilemas. Cuando se desea, o es fundamental hallar la mejor solución posible entre eventos de importancia similar, el cerebro debe invertir una buena dosis de su capacidad para "elegir lo mejor posible". Si la elección se dificulta más allá de lo razonable, no hay duda, estamos en conflicto.

Un joven asistió a mis citas debido a que su ingreso a la universidad se estaba complicando por su indecisión. Disponía de muy poco tiempo para escoger entre ingeniería civil y arquitectura. Para su pesar, encontraba atractivas ambas carreras. Había hecho listas de ventajas y desventajas, pedido opiniones, estudiado los respectivos contenidos curriculares, hablado con arquitectos e ingenieros exitosos, llenado más de tres cuestionarios vocacionales y cosas por el estilo. No sabía qué hacer. Estaba aterrado ante la idea de equivocarse, ya que, según él, su vida futura dependía de ello. Durante algunas citas revisamos los pros y los contras, y el análisis mostraba un equilibrio indudable. Cuando la balanza se inclinaba levemente por una de las dos opciones, él lo hacía por la otra. El miedo le impedía arriesgarse. Finalmente, a escasas horas de la inscripción, y bajo el agotamiento y el cansancio de ambos, le sugerí la maravillosa solución de la moneda. Cara, ingeniería; sello, arquitectura. Le explique que si no enfrentaba el dilema podría postergar la decisión indefinidamente: "Conozco personas que llevan diez años esperando el momento adecuado para lanzarse al ruedo. La postergación es la excusa de los inseguros". Le dije además que la certeza no existía si no en su mente: "La realidad sólo entiende de probabilidades". Por último, y en tono más jocoso, le dije que sino se decidía hoy, lo haría responsable de mi salud mental. La historia tiene un final feliz: la moneda fue sello y hoy es un arquitecto satisfecho con su profesión. Como resulta obvio, la técnica del azar sólo se justifica en situaciones límites.

En una investigación típica con perros, se pusieron de relieve los efectos negativos del conflicto sobre el sistema nervioso. El perro había recibido un entrenamiento en discriminación. Si aparecía una elipse en la pantalla, debía levantar la pata para recibir comida. Si aparecía un círculo en la pantalla, debía quedarse quieto para que llegara el alimento. Cuando el perro aprendió la discriminación clara y consistentemente, el experimentador comenzó a presentar progresivamente figuras confusas donde no se podía discriminar con seguridad si eran círculos o elipses. El conflicto estaba armado. La conducta general del perro se alteró sustancialmente. Comenzó a chillar, se retorcía, mordía, lanzaba violentos ladridos y se resistía a entrar al laboratorio donde se había instalado el conflicto discriminativo. El perro, que antes era callado y cariñoso, se había convertido en una fiera. Su sistema nervioso había entrado en colapso, su comportamiento era el de una neurosis aguda. El problema para él era irresoluble.

Cuando estamos frente a un conflicto de difícil solución, el organismo puede optar por escapar (v.g. negarlo, olvidarlo), inmovilizarse (el burro de Ballam), intentar destruir lo que genera el conflicto o afrontarlo constructivamente: comprenderlo para resolverlo, asumiendo el riesgo. El ser humano intenta defenderse y alejarse de la fuente estresante para mantenerse cuerdo.

Los dilemas siempre involucran la obligación de elegir una sola respuesta.

Podemos entrar en conflicto al tener que elegir entre dos alternativas agradables (atracción-atracción), por ejemplo, cuando se conoce a alguien interesante, que no estaba en los planes, a punto de casarse. O elegir entre dos alternativas igualmente espantosas, por ejemplo, ir al dentista o donar sangre. Las disyuntivas también ocurren con un solo objeto (atracción-repulsión). Una mujer decía: "Temo a mi marido, pero dependo de él. Si me alejo es malo pero me hace falta y lo necesito. Si me acerco mucho a él, siento temor de sus reacciones. No sé qué hacer. Me siento atrapada".

El niño no es inmune a lo anterior. Alrededor de los dos años comienza un enfrentamiento natural entre dos tendencias biológicas conflictivas, igualmente fuertes e importantes para su evolución: seguridad vs. autonomía.

La relación "idílica" del apego se ve empañada por la aparición inesperada de un nuevo impulso irresistible: la exploración. La vida tranquila y reposada de un acople "afectivo" milimétrico y casi perfecto entre un dador incondicional y un ávido demandante, comienza a tambalear para ambos. Alrededor del año y medio de edad, especialmente con el desarrollo de la locomoción del niño, sobreviene la catástrofe afectiva de ambos. Los "terribles dos años", tal como lo denominan algunos autores, hacen aflorar descarnadamente la ansiedad y el miedo subyacente a la relación. La díada color de rosa ya es púrpura. La madre y el niño comienzan a sufrir los rigores de la vida. Una poderosa fuerza, desconocida hasta entonces, se ha apoderado del niño y tiende a separarlos: la libertad.

La conducta de apego "Necesito que me cuiden para sobrevivir", se enfrenta a la exploración "Necesito aprender para sobrevivir". La cálida y tierna (interesada) necesidad de aproximación a la madre, contrasta crudamente con la arrolladora pasión de búsqueda e investigación. Aquí está la esencia del problema, el conflicto básico, probablemente uno de los primeros que debe intentar resolver todo ser humano en el desarrollo de las relaciones interpersonales afectivas. El amor también tiene su pecado original.

El niño se ve atascado entre dos fuerzas opuestas y aparentemente excluyentes. Si se aleja de su madre, pierde protección, pero gana libertad. Si no se retira, gana seguridad, pero pierde autonomía. No importa la ganancia relativa que se obtenga, haga lo que haga, hay pérdida. Y a esa edad los balances no existen: el niño se mueve por la ley del todo o nada. La respuesta fisiológica que acompaña el dilema del infante fluctúa entre la edad anticipatoria de la separación y la depresión por la pérdida afectiva. El panorama no es el más halagador. El comportamiento del niño, al intentar solucionar tamaño problema, tampoco aparece como el más estable: escapar, inmovilizarse o apegarse más. Pienso que una de las grandes paradojas es que el niño no posee en su repertorio la forma satisfactoria de solucionarlo. ¿Se equivoca la naturaleza o es el precio que debemos pagar por crecer? ¿Es posible escapar a este conflicto fundamental? No parece. Más aun, ¿existe forma de solucionarlo?

El niño, entonces, debe recurrir a la ayuda de sus desconcertados progenitores. Pero la solución tampoco parece ser fácil. Los padres también estamos indefensos, entre otras cosas, porque tampoco tenemos resuelto el propio conflicto. Para colmo de males, los psicólogos entran en la contienda opinando y metiendo la pata. Es tragicómico ver la actitud que asumen algunos padres modernos, asesorados por psicólogos ultramodernos, frente al problema mencionado. Luego de asistir a cuantas escuelas de padres hay y leer compulsivamente todo lo que se les atraviese, la posición más típica de esta "postmodernidad educativa" consiste en rechazar la sobreprotección extrema, lo cual es una decisión correcta, e irse para el extremo de la libertad y la tolerancia, lo cual es malo. Un niño, hijo de padres antiproteccionistas, me decía: "Mi mamá no me quiere... ¡Nunca me regaña!" Mi hija de ocho años, en cierta ocasión le comentó a su madre: "¡Mamá, si no hago las tareas, debes regañarme!" Esto no ilustra algún tipo de masoquismo por parte de los niños, sino la necesidad de que se preocupen por ellos. Una libertad extrema hace que el niño pueda dudar del afecto de sus padres; una sobreprotección exagerada no lo deja crecer. Conclusión: los padres no sabemos cómo solucionar la cuestión. Los psicólogos menos.

Al investigar el factor común en desórdenes emocionales como la depresión y la ansiedad, he llegado a pensar que gran parte de nuestra vida afectiva, de un modo u otro, se mueve intentando darle solución a ese dilema fundamental. No debemos descartar la posibilidad de que la "tragedia" del amor gire alrededor de un problema irresoluble, el cual embolatamos haciéndonos los bobos. Frases como: "No hay mejor libertad que estar encadenado a un corazón" o "la soledad es la mejor de mis amigas", son definitivamente sospechosas. Me pregunto si no serán formas amañadas de disimular las consecuencias negativas del apego excesivo y la carencia de amor.

La forma en que se intente solucionar el conflicto definirá un estilo afectivo posterior. El extremo de la libertad lo configuran los esquizoides; el del apego, los dependientes.

Quizá el camino no está en buscar la solución, sino en eliminar la causa del problema para que deje de existir. No elegir entre la alfalfa y el heno, sino dejar de tener hambre. Algunos sabios e "iluminados" han insistido una y otra vez en la importancia de ser internamente libre. La libertad interior no es otra cosa que carencia de necesidades. Si nada necesito, por definición, no hay conflicto, porque hay desapego interior. El apego, por definición, siempre implica temor. Como decía Krishnamurti: "Un amor sin motivo y sin sentimientos de posesión". Muy difícil.

Resumiendo, desde la primera infancia, independiente de las buenas intenciones de la madre y de los cuidados recibidos, el niño debe enfrentar un conflicto básico y biológico (apego vs. exploración), que parece superar sus capacida-

des de resolución. Estas poderosas fuerzas encontradas generan ansiedad y, en
ciertos casos, depresión. Muy probablemente, la esencia de este dilema siga latente durante la adolescencia y la madu-
rez y aflore de tanto en tanto, cuando los
vínculos afectivos así lo ameriten. El debate "libertad vs. seguridad", parece ser
casi permanente y además inescapable
para los humanos. Aunque intentemos
reprimirlo, eludirlo, disimularlo o negarlo, su existencia empaña de manera considerable la tan añorada felicidad total.

Recuerda que el amor te da,
pero también te quita. Si lo único que es-
peras recibir son altas cantidades de dicha y alegría, no te enamores. Los sinsa-
bores forman parte tanto de la vida como
del amor. Intenta cambiarlos si quieres,
pero no los niegues. El amor no es para
perezosos ni cobardes. Cuando el amor
toque a la puerta, entrará como una trom-
ba: no podrás dejar fuera lo malo y recibir sólo lo bueno. No hablo de ser pasivo
y resignarse a "la cruz", sino de estar preparado para afrontar el lío que implica

amar, defendiendo los derechos activamente y asumiendo con dignidad, sin pataletas, la realidad del amor. Si piensas que amar es igual a felicidad, equivocaste el camino. Tal como vimos, la génesis del vínculo afectivo humano conlleva el germen de su propio sufrimiento. Hay que pelear contra él, pero sin falsas ilusiones.

La supuesta inagotabilidad del amor

El que diga lo contrario está mintiendo o nunca ha estado enamorado. Por donde miremos la cosa encontraremos evidencia de que el amor convencional tiende a desaparecer o agotarse.

Si conceptuamos el amor como una emoción (Tipo I), es obvio que deba acabarse, porque el cerebro no soportaría por demasiado tiempo la carga de tanta energía. Nuestra capacidad física, en lo que a placer se refiere, es limitada.

Cuando la intensidad de las experiencias placenteras es mucha, sobreviene algún tipo de bloqueo natural, y si el bloqueo no da resultado, ocurre algún trastorno. Muy pocas personas han sido capaces de avanzar "más allá del límite". A los que logran traspasar la barrera los llamamos locos o maestros. Si la emoción no se extinguiera, el sistema nervioso probablemente estallaría. El amor Tipo I, al igual que las experiencia críticas o místicas, es para personas psicológica o fisiológicamente fuertes. Su tendencia natural a extinguirse, aunque triste, podría verse como una bendición: la naturaleza se encarga de protegernos.

En el caso del amor Tipo II, su permanencia no es natural, debe intervenir el esfuerzo mental y la voluntad para que perdure. Después de todo, este tipo de amor parece ser más un invento social. El hombre lo crea, el hombre lo mantiene.

El amor Tipo I, al cabo de un tiempo "prudencial", expira naturalmente para no destruirnos. El amor Tipo II, sobrevive artificialmente y en cuidados intensivos, porque lo necesitamos para vivir en compañía. Mientras la naturaleza nos priva oportunamente de un amor bioquímico potencialmente dañino, el hombre sostiene mediante la voluntad un amor mental soportable. En resumen: el amor Tipo I se agota; el Tipo II, se desgasta.

La idea de un amor perpetuo recibe algún apoyo en el amor maternal. El afecto de una madre, si está psicológicamente sana, dura toda la vida y con igual intensidad. Un viejo proverbio napolitano asevera: "Una madre es buena para cien hijos, cien hijos no alcanzan a ser buenos con una madre".

Pero, aunque los padres hacemos bastante bien el papel que nos compete, el título de "mamá" o "papá" no es suficiente para garantizar un amor sano y duradero.

El Colombiano, en una nota de EFE, reproduce en su edición del 11 de febrero de 1993 el siguiente titular: "235 años de cárcel a un hombre que bebía sangre de sus hijos". Más adelante la nota dice: "...fue acusado junto a su mujer de dar palizas a sus hijos, de violación sexual, de causarles quemaduras y heridas y de ingerir su sangre". Dos esperpentos de la naturaleza.

Las abuelitas tampoco tienen que ser siempre buenas. El estereotipo de una ancianita inofensiva, de pelo blanco inmaculado y gafitas, que camina encorvada y produce ternura, contrasta marcadamente con algunas abuelas que se comerían al lobo de Caperucita.

La situación biológica de progenitor de primero o segundo grado, no implica necesariamente un amor sincero e inacabable. No obstante, tal como dije antes, de todos los amores conocidos, sólo el amor de madre parece resistir significativamente la erosión del tiempo.

La insistencia y la presión cultural de conservar las relaciones matrimoniales por encima de todo, ha exaltado el mito del amor interminable como un valor casi sacramental. La entereza con la que una persona sufre las afrentas de otro, ha sido visto como un acto de virtud y como la mejor evidencia disponible de lo interminable del amor. Esto no siempre es así. En una cantidad considerable de casos, la supuesta perpetuidad del amor interpersonal no es otra cosa que la búsqueda de aprobación social basada en una respetabilidad de doble moral. En otros, la permanencia del vínculo no está en el sentimiento afectivo, sino en el miedo y la inseguridad a enfrentar la vida en soledad. Una de mis pacientes me decía: "Me siento mejor doctor... Mi marido ha mejorado... Ya no me pega tanto". Un hombre, al saber que su mujer quería la separación, expresaba lo siguiente: "Llevo dos años sin tener relaciones con ella porque me rechaza y aunque no lo crea, le he sido fiel... Es muy difícil... Pero estoy dispuesto a todo... No quiero separarme... Yo sé que ella tiene a otro, pero debo salvar mi matrimonio por encima de todo... Por favor, convénzala de que hagamos otro intento..." Nadie tomaría estos relatos como demostración de la persistencia amorosa. En ambos casos el factor aglutinante es el temor.

El aguante en una relación afectiva , entonces, no es prueba de la inagotabilidad del amor y, muchas veces, ni siquiera de amor. Aunque no exclusivamente el temor, la cobardía, la comodidad, la religiosidad, la dependencia, los hijos y el qué dirán, entre otras posibles causas, también deben tenerse en cuenta a la hora de explicar el mantenimiento de las relaciones interpersonales amorosas. Algunas parejas, haciendo alarde de una presunción insufrible, se muestran a sí mismas como una prueba viviente de que el amor dura mucho tiempo. El saber sobrellevar la vida afectiva dignamente y de manera satisfactoria merece cierto reconocimiento, pero no más. No hay nada más arrogante que la falsa "humildad" de los que se atribuyen el papel de guías espirituales exhibiéndose como un buen ejemplo: "No hay peor vanidad que la del que quiere ser santo".

Para "desromantizar" aun más la cuestión, y pese a que nos resistamos a creerlo, existen casos en los cuales el amor, sin más, se cae. Sin razones ni lógica. Simplemente se desinfla. Veamos este breve relato:

"No logro entenderlo. Antes lo

necesitaba, vivía para él. Cuando él llegaba de trabajar, yo era la mujer más feliz
del mundo... Me hacía tanta falta... Estaba orgullosa de ser su mujer. Aunque bravo a veces, es una persona valiosa, un
buen amante... No sé que pasó... A veces
creo que fue como un instante y ya no
había nada... ¿Es posible que después de
veinte años se acabe así, como tan simple? Dios sabe que lo he intentado pero
ya no hay nada... Es como si un buen día
el amor se hubiese ido... para... siempre...
¡Es tan triste!... Pero ya es tarde... No hay
nada".

Cuando el desamor ocurre, me
refiero al que sale del alma y los huesos, no
hay reversa. A veces, inexplicablemente y
sin previo aviso, el desamor sobreviene con
tanta o más fuerza que el amor. Sin odios,
resentimientos o rencores, el amor por el
otro se esfuma. Y cuando buscamos entre
las cenizas, nada, ni siquiera un tris.

Si pretendes inmortalizar el
amor, terminarás asistiendo a su funeral.
Sólo disfrútalo. Si sientes que se está ago-
tando, intenta salvarlo, a veces es posible

hacerlo. Si pese a tu esfuerzo el amor se desvanece, simplemente acéptalo. Comprender que el proceso natural del amor es cíclico, facilita tu convivencia, te fortalece y te permite estar preparado para intervenir. Así tu energía trabajará para la superación y no para la autocompasión o la culpa de "no amar de por vida". Si el amor que sientes por alguien comienza a agotarse, no te quejes, actúa.

La supuesta exclusividad del amor

El personalismo afectivo está muy arraigado en nuestra manera de amar. Tanto la concepción posesivo-absorbente "Tú eres mía o mío", como la sumiso-hostigante "Tú lo eres todo", son vistas como indicadores fiables de que se ama de verdad. El factor común: la monopolización. El amor es tanto que rodea absolutamente al ser amado y literalmente lo "traga" o el amor es tan grande que desaparece en el otro como acto de entrega total. Siempre se excluye a alguien. Dramáticamente, al mejor estilo canibalista, el amor devora y se deja devorar. En ambos casos el deseo es el mismo: eliminar la competencia y ejercer dominación sobre la otra parte. Una es obvia y descarada, la otra, sutil y enmascarada.

Cuando hablo de exclusividad afectiva, me refiero a la supuesta imposibilidad de amar a más de una persona, y no al engaño furtivo. Para ser infiel sólo se necesita bastante deseo y poco autocontrol. En estos casos el amor no es una condición imprescindible. La pregunta que nos compete es más profunda: ¿es posible amar más de una persona al tiempo?, ¿la hipotética exclusividad amorosa nace naturalmente o es impuesta desde fuera? Independiente de las predilecciones ideológicas o morales, ¿existe algún tipo de limitación psicológica o fisiológica que impida amar a dos personas al tiempo?

Las respuestas son dudosas. En ciertas ocasiones el amor parece procesarse en paralelo y pese a la exigencia determinante de la otra parte a ser el único, el diablillo afectivo juega su mala pasada.

El amor se "bifurca" y abre una nueva sucursal, la cual puede ser platónica o no. No digo que esté bien o mal hacerlo, ni que se deba tener un amante para estar a la moda. Simplemente señalo ciertos hechos que ponen en tela de juicio la pretensión del exclusivismo afectivo. Muchos relatos clínicos muestran cómo las personas sostienen idilios platónicos mentales, sin dejar de querer a su cónyuge. Creo que todos tenemos nuestro "pecado de amor", así sea teórico, debajo de la almohada, claro está, en secreto.

La idea de la propiedad privada del amor ha generado querellas de todo tipo. Pero como es imposible escriturar el afecto, cualquier reclamación es de mal gusto. Nadie tiene el deber de amar a otro, si no sería una obligación. Ofenderse ante el rechazo, es negarle el derecho fundamental a la otra parte a decidir sobre su vida afectiva: "Estoy ofendido porque no me amas". Ridículo.

Pretender ser el único en la vida de la mujer o del hombre que se ama, es absolutamente comprensible. Lo que lo convierte en detestable es la imposición autoritaria y egocéntrica de que deba ser así, y no más. La exclusividad afectiva es una determinación personal, más que una acto de conminación. El privilegio de ser incluido de manera total y única en el amor interpersonal, siempre es una conclusión de dos.

En el amor Tipo I, la exclusividad del amor aparece en su máxima expresión. La mayoría de los enamoramientos, por la gran energía que conllevan, son total y categóricamente excluyentes. Pero cuando en poquísimos casos ocurre el fenómeno de "amar a una nueva persona, sin dejar de amar a la anterior", la naturaleza es sabia. Como no queda más amor de donde sacar, se divide por dos. De hecho dos "tragas" son soportables si, y sólo si, cada una carga con la mitad de la intensidad afectiva. Se convierten en "traguitas". Muchos adolescentes sienten amores dobles, con taquicardias moderadas y alteraciones controlables. Si se dividen por tres, la intensidad desciende por debajo del amor

Tipo I y se convierte en otra cosa. En otras palabras, ni siquiera en este tipo de amor poderoso y desbordante, es posible fijar una ley de exclusividad sin excepciones. Aunque escasos, he conocido enamoramientos Tipo I que se ramifican en dos vías paralelas de fuerza similar. El resultado: la interpretación humana del burro de Ballam.

En el amor Tipo II, el exclusivismo se asienta más en lo mental. Carece de la naturalidad del anterior, ya que requiere esfuerzo y decisión racional. No obstante las buenas intenciones de los cónyuges, es aquí donde la irreductibilidad amorosa encuentra sus mayores detractores. La excepción supera la regla, por lo tanto la regla deja de ser ley. Si las personas se sinceraran, la sorpresa sería mayúscula ¿Quién dijo que no es posible tomar dos decisiones afectivas o tres? No querer hacerlo, no significa que no pueda hacerse. Pese a la valiente obstinación de las partes a expulsar las variables extrañas y a mantener limpia la relación, el amor Tipo II no garantiza *per sé* la franquicia. De hecho, es donde más se comprueba la falta de exclusividad. La evidencia disponible muestra que la fidelidad no significa imposibilidad de amar a dos personal al tiempo. El famoso dicho "un clavo saca otro" parte del supuesto de la incompatibilidad natural de dos amores simultáneos. Pues en la práctica, sobre todo en los casos de amor Tipo II, el resultado puede ser inesperado: dos clavos en vez de uno.

La mayoría de las personas estamos condicionadas a ser supremamente selectivas en lo que a afecto se refiere. La elección lleva implícita la idea de "prescindir" de una cosa por otra. La sociedad ha impuesto el valor de la monogamia y por lo tanto la costumbre, ya casi ancestral, de procesar el amor interpersonal de manera secuencial: uno a la vez. La valoración ético-moral ha desarrollado un control cognitivo, super-yo cultural, que impide la explosión natural del amor y fomenta la omisión, represión y destitución de cualquier otra tentación. Que controlemos la tendencia de enamorarnos de más de una persona al tiempo, como ocurre en el caso del amor Tipo II, no implica que no pueda ocurrir si los frenos mentales aflojan, o si simplemente no existen, tal como sucede en la cultura árabe.

El aprendizaje social moldea estilos afectivos y, buscando afirmar sus principios, establece creencias que impiden las "malas costumbres". Es indudable que la idea de exclusividad afectiva se ha instaurado con tal fuerza, que ha cumplido a cabalidad su objetivo monogámico. De ahí la extrañeza y preocupación de ciertos sujetos cuando descubren que aman a dos personas a la vez. Es apenas lógico que si se ha dicho siempre que eso es imposible y un buen día comienzo a sentir que quiero a dos personas, me sienta como un marciano. Así, las personas que se perciben como aquejadas de este extraño "maleficio", deambulan desesperadas buscando explicación o algún tipo de cura. Médicos, psicólogos y sacerdotes colaboran en aliviar al paciente del supuesto mal. Bajo la lupa minuciosa de algún consejero experto en desafueros, se alecciona al paciente a comprender que "éso" que le sucedió no es real, porque simplemente "no puede ocurrir". Es sólo su imaginación.

No propongo la poligamia, sólo afirmo que hay que ser realista. Si existen personas que son capaces de sentir amor simultáneamente hacia dos humanos, en vez de escandalizarnos, aceptemos el hecho y fijemos posición. Pero no hagamos como el avestruz.

Sería más fácil decir la verdad: "A mucha gente le ocurre que se enamora de alguien sin dejar de amar a su pareja estable. Más que sentirse como un ex-presidiario o un ser manchado por la inmoralidad, intente comprender qué ocurrió. No se sienta anormal. El ser humano posee una capacidad natural de amar enorme que ha sido limitada, con o sin razón, por la cultura. A veces el control mental nos falla y el afecto, sin salirse de la carretera principal, comienza a desplazarse por una ramificación aledaña. Ya sabe que es posible amar a más de una persona al tiempo. Concéntrese en cómo solucionar la cosa, en vez de lamentarse por no ser como le dijeron que debería. La exclusividad con su pareja es una decisión más que una imposición. Piense qué quiere".

Nadie critica una madre por amar a todos sus hijos. Cuando de amor Tipo III se trata, el amor múltiple es aceptado y aplaudido, mientras las preferencia son mal vistas. El amor biológico no puede ser exclusivo, ya que se acabaría la especie. Por el contrario, es conveniente la exclusividad del amor Tipo I, pues de lo contrario la relación en cadena produciría un verdadero desastre adaptativo para la comunidad. La tan pretendida exclusividad en el amor Tipo II es una convención sustentada en valores morales y religiosos, por lo que su función trasciende lo biológico-natural. La experiencia muestra que el amor, bajo ciertas circunstancias, admite duplicado. No obstante el impedimento normativo que promulga el mandato ético, la gran capacidad de dar y recibir afecto en el ser humano transgrede la ley social. La osadía de los enamorados nos recuerda que en el amor no hay derechos de autor.

La supuesta incondicionalidad del amor

Las personas se conocen verdaderamente en las situaciones límites. Los amigos también. Es fácil mostrar adhesión cuando las consecuencias no son peligrosas. La palabra solidaridad implica unión y asociación, pero fuerte. Si puedo contar con alguien hasta el final y pese a todo, estoy frente a una persona solidaria. Como decía Benedetti: "Contar con vos, no hasta dos o hasta tres, sino contar con vos..."

La persona fiel no "condiciona" su afecto a las circunstancias. "Estoy contigo" "Cuenta conmigo" "No importa lo que hagas, aquí estaré por si me necesitas", nos reconforta el espíritu. En los momentos difíciles, esos son los amigos de verdad. La amistad no es acomodaticia, sino incondicional. Una amiga me decía: "Cuando pides un favor a alguien que no sabe, hay tres tipos de respuesta según sea el grado de compromiso. La que te dice no sé y se queda impávida. La que dice que no sabe, pero ofrece sugerencias de donde buscar. Y la amiga que se preocupa y acompaña hasta que se agoten las posibilidades". Para ser buen amigo hay que tener vocación de combatiente. Siempre he odiado los amigos "objetivos" que, con cara de intelectual de tercera, le van señalando a uno los desvíos y los errores en público. "Los trapitos sucios se lavan en casa". Para mí es muy simple. Si en una discusión X ante personas no muy amigas, estoy defendiendo un punto de vista Y, totalmente equivocado, mi amigo del alma deberá estar de acuerdo con Y siempre y cuando no implique riesgos para mi salud física o mental; que me regañe después a solas. La "objetividad afectiva" es un contrasentido en el que se escudan los Poncio Pilatos de siempre. Un conocido aconseja, un amigo se la juega.

Como puede verse, la incondicionalidad, al menos la teóricamente pura, es difícil de alcanzar en las relaciones

interpersonales, sobre todo si consideramos la tendencia humana a desfallecer
ante la seducción. Todos tenemos algo de
Judas. Quizá la hidalguía no esté en morir con las botas puestas, sino en sacárse-
las de frente. Dicho de otra forma, la persona noble asume sus limitaciones y las
encara con altura. En cierta ocasión, un
ministro inglés fundamentó su renuncia
diciendo: "La causa de mi renuncia es que
se estaban acercando a mi precio". Honesto, claro y sincero. Admirable. Se le
perdona la deserción. De manera similar,
si un amigo nos confiesa sinceramente un acto de alta traición y muestra
arrepentimiento, si lo queremos, lo perdonamos. La solidaridad está en haberlo
contado.

Aunque complicado, la solidaridad en la amistad siempre deja espacio
y puertas para refrescarse. El compromiso es informal y no del todo asfixiante:
puedo escapar cuando quiera. Pero si hubiera que formalizar las amistades ante
algún tipo de tribunal, donde asumiéra-
mos el compromiso de ser incondiciona-

les de por vida, la obligación sería insoportable. Habría muy pocos amigos y, lo que es peor, traiciones de todo tipo. El compromiso afectivo real debe ser una elección espontánea, no una obligación decretada.

La creencia de que "el amor mueve montañas" ha hecho del amor una especie de Eliot Ness: intocable e incorruptible. "El amor no sabe de dudas" "El amor no abjura" "El amor todo lo puede". En otras palabras, hemos hecho tanto alarde, que ya nada justifica la huida. El amor va hasta el final, y si escapas, nadie perdonará la felonía. Los grupos de consejería para esposas de alcohólicos y drogadictos, donde se les enseña a convivir con ellos, muestra claramente lo anterior. No niego las buenas intenciones de las participantes, sino la resignación que por lo general acompaña la decisión de permanecer bajo el yugo machista, aunque sea por amor. Pero la honestidad y lealtad debe comenzar con uno mismo, rescatando los principios del autorrespeto. Tolerar a un esposo alcohólico e irresponsable yendo a grupos de apoyo para que me ayuden a "sobrellevarlo lo mejor posible", no es un acto de amor, sino de desamor. No tardarán en aparecer grupos que enseñen a soportar de manera impasible abusos sexuales, ataques físicos, estafas y vagancia. La solidaridad jamás implica sometimiento.

Pese al costo social y a la sanción moral, en las lides del amor el número de desertores es apabullante. Se nota más en las malas épocas, ante calamidades, enfermedades o quiebras económicas. Desde el sillón de mi escritorio veo la otra parte de las estadísticas y me sorprendo de la cantidad de prófugos afectivos. No todos los capitanes se hunden con el barco. Sería interesante estudiar cuántas personas son capaces de soportar, estoicamente, el bien ponderado: "Contigo, pan y cebolla".

La supuesta incondicionalidad del amor siempre es incierta. Muchas personas se devuelven al llegar a la línea del mayor riesgo o del no retorno, porque el "amor" no es suficientemente fuerte para seguir impulsándolos. En vez de agachar la cabeza y sentir vergüenza por no tirarse al abismo, se debería encarar la cosa de manera más realista y sincera: "Hasta aquí llego... Esto puedo darte... No sé si es mucho o poco para ti, pero es sincero y honesto... Tómalo, si quieres..." Amar hasta el cielo no sólo es imposible, sino harto. Es más sano y honesto decir: "Mi amor tiene estos límites". El famoso *Amor sin barreras* es una farsa romántica que, estoy seguro, produjo más de un estrellón.

Para las víctimas del amor Tipo I, la incondicionalidad es fácil porque se convierte en inconsciencia. No ven, no oyen, sólo se desplazan persiguiendo su objeto de amor. Mientras dure el efecto, serán capaces de entregar sus vidas, no por convicción, sino por premura bioquímica.

Para los que profesan el amor Tipo II, la posición es más de compromiso-ley. Juraron: "Retroceder nunca, rendirse jamás". Como no hay reversa, los principios se acomodan a la conveniencia. La tan intransable solidaridad se termina negociando de común acuerdo. Si la pareja es "madura", cada uno conoce los límites del otro y nadie exigirá más de la cuenta. Hay que mantener la prudencia. Un buen noviazgo es aquel donde cada una de las partes sabe a ciencia cierta los defectos del otro y hasta dónde puede soportarlos. Pero si alguno de los defectos implica el sacrificio de algo vital, el matrimonio no se consuma. "Hasta que la muerte nos separe", siempre y cuando la cosa sea llevadera.

Cuando la incondicionalidad se refiere a un amor Tipo III, la cosa se complica de manera significativa. Es en el amor maternal donde encontramos la mayor expresión de la solidaridad. Por tal razón, perdonamos a la pareja infiel, pero no a la madre. Nada duele más que la deslealtad de la mujer que nos trajo al mundo. El padre es por naturaleza condicional. Él premia la buena conducta y castiga la mala. Aunque nos lastime, no nos extraña demasiado que su amor haya que ganárselo con "cinco en conducta". Pero condenamos sin piedad la traición de mamá. El engaño de una madre es algo así como una malformación genética. Que el esposo y la esposa sean individualistas, pase, después de todo son humanos, pero una madre ególatra no deja de ser un bicho raro: "El amor maternal nunca deserta". Por definición, esperamos que sea valiente y sí, totalmente incondicional. Profundicemos un poco en el tema.

El síndrome del abandono maternal adulto

Si por alguna razón los padres no son dedicados, consistentes y solidarios, los efectos psicológicos son bastante perjudiciales para el individuo. Cuando ocurre lo contrario, nos embarga el sentimiento de que somos "amables" o merecedores de amor. Como es lógico, ser incondicionales no es patrocinar cosas inadecuadas o peligrosas, sino asistir oportunamente al niño cuando él lo necesita.

Cuando era pequeño, alrededor de siete años, asistía a un colegio reli-

gioso bastante estricto, donde los sába-
dos se ofrecía una serie de actividades
sociales. En cierta ocasión, cuando salía
del cine escolar en un matinal sabatino,
me dio por levantarle la falda a una niña
compañerita y decir: "¡Los tiene rosados !
¡Los tiene rosados!" Estaba yo en mi per-
verso juego, cuando un cura, yo lo recuerdo tan grande como una montaña, me
cogió del fundillo, me levantó y me dio
una cachetada, que aún me duele. Es importante señalar que en esa época los castigo físicos como reglazos, pellizcos y
coscorrones, eran aceptados y promovi-
dos por la mayoría de los profesores. La
niñita me miró e hizo el gesto típico de
las mujeres que se sienten protegidas por
la ley: "Bien hecho". Como la marca física era evidente y la psicológica también,
le expliqué a mis padres lo que había ocu-
rrido. Sin ninguna diplomacia, disimulo
o pedagogía moderna, mi papá dijo en
napolitano : "¿Quién se habrá creído que
es?" Mi madre echaba leña al fuego: "¡Viejo estúpido!" Mi padre: "A un hijo mío
nadie le hace esto", mientras se mordía la

falange del dedo índice en señal de "ven-
detta". Mi mamá: "¡Descarado!" Mi
padre : "¡Hijo de puta!" Mi madre: "No
digas así... Pero es cierto". Yo miraba sor-
prendido la reacción de mis padres, pero
feliz. No estaba solo. Mis protectores, al
menos teóricamente, estaban de mi parte. Mi padre, al cabo de unos minutos,
decidió ser consecuente e ir inmediatamente al colegio. Mi madre le dio la bendición, ánimo y más leña al fuego. Nada
justificaba la conducta del sacerdote. Nunca supe que pasó en el colegio, pero por
lo boyante de las expresiones deduje que
todo había ido bien. Al otro día, el curita
me pidió disculpas, luego de un sermón
introductorio de una hora sobre la importancia fundamental de no verle la ropa
interior a las niñas. Mis padres me pusieron un castigo leve y me prohibieron levantar faldas delante de los curas. La mo-
raleja de esta historia es que me sentí
respaldado plenamente. Comprendí que
mis padres eran confiables. Al cabo de los
años supe que el descontrol napolitano de
mi padre lo había llevado a excederse bas-

tante con el anonadado cura, que jamás imaginó a un papá tan bravo. A la vuelta de la vida, ahora que soy papá, sé que si tocaran a una de mis hijas, perdería el control hasta donde fuera necesario. Un hijo es lo que más duele. Mis padres en ningún momento dudaron, ni dijeron: "Qué habrás hecho para que el cura te haga esto" No pidieron explicaciones o justificaciones. Estuvieron presentes cuando debían estar. Cuando se trata de amor filial, las excusas sobran, y las dudas también.

La solidaridad no solamente hay que reducirla al ejemplo anterior, sino hacerla extensiva a las preocupaciones y estados psicológicos de nuestros hijos. Muchas veces subestimamos los problemas de los niños, diciéndoles un seco: "No vale la pena", que en realidad es un "no me importa demasiado", o un "no seas estúpido". Muy pocas veces penetramos en sus cabecitas con la seriedad y atención que merece la cuestión. Y ellos se dan cuenta. Si el niño es afectivamente fuerte, posiblemente la deslealtad no tenga repercusiones importantes. Eso sí, nunca pasa desapercibida.

El sentimiento de: "Mis padres no han sido todo lo incondicionales que deberían", se pone crudamente al descubierto en un trastorno psicológico que he podido dilucidar a lo largo de varios años de terapia. Este síndrome lo he detectado básicamente en mujeres respecto a sus madres, lo cual no significa que no exista en hombres. En apariencia, el intercambio afectivo madre-hija es supremamente equilibrado, pero no es así. Veamos un ejemplo.

A.J. era una mujer de 30 años, casada y madre de dos hijas. Es la hija mayor de una familia de varios hermanos, los cuales la consideraban como la "solucionadora de problemas", la integrante más activa, alegre y servicial de la familia. A.J. estaba siempre presta a brindar colaboración desinteresada a los requisitos de su madre como choferear, salir de compras, ayudar en reuniones, etc.

Cuando A.J. llegó a mi cita se mostraba algo deprimida y triste. Era muy demandante con el marido, se sentía insegura, muy aprehensiva y exigente con sus niñas. Se había estado alejando de sus padres y hermanos, y eso la hacía sentir culpable. Se decía a sí misma que no debía sentirse mal porque no le faltaba nada: un buen marido, una familia, dos hijas hermosas y sanas, en fin, era inexplicable su actitud.

A medida que fuimos avanzando en las citas, fue emergiendo el problema, no solucionado aún, que la mortificaba. Los relatos de su preadolescencia y parte de la niñez siempre terminaban en recriminaciones hacia su madre. Había resentimiento en A.J. El factor común de las quejas era: "Ella nunca estuvo ahí cuando la necesitaba" o "fue más importante el qué dirán que yo". Cierta vez me contó como, ante una demanda injusta de la directora del colegio, ella accedió a regañarla ante las profesoras, para quedar bien.

La madre de A.J. era una mujer que siempre había puesto al marido antes que a los hijos. Era una persona débil, en esencia buena, que solía escapar o evitar los problemas negándolos. Cuando A.J. consiguió su primer novio a los 15 años, su madre le prohibió la relación porque al papá no le parecía.

Nunca faltó a un costurero, pero sí a ciertas presentaciones de sus hijos al colegio. En una reunión de amigas contó un secreto que A.J. le había confiado, delante de todas. Jamás le había dicho "te quiero" o la había abrazado. A.J. mantenía un récord impresionante de "malas jugadas" de su madre. Y aunque ninguno de estos actos de "traición" eran objetivamente catastróficos, ni parecidos a los comportamientos de las brujas de cuentos infantiles, le habían dolido en el alma.

La percepción de A.J. era que su madre no se había esforzado lo suficiente por conocer en profundidad qué pensaba y sentía su hija; la había subestimado. De ese núcleo básico de aislamiento afectivo se desprendía la gran mayoría de sus comportamientos.

Cuando sus hijas crecieron un

poco más, se le revivieron los recuerdos de "abandono" y trató de no repetir los errores de su madre. De ahí la aprehensión: "No quiero ser como ella fue conmigo". El rol de "buena hija" no era tan desinteresado como parecía. Detrás de la "querida" estaba el afán de obtener el afecto que nunca había sentido.

A.J. "compraba" el amor de su madre. Y cándidamente, le daba otra oportunidad: "No importa que sea tarde, demuéstrame que te interesas por mí y que me quieres". Sin embargo, la madre no era capaz de dar lo que ella demandaba. La insatisfacción afectiva de no sentirse amada por el marido era la misma carencia.

Cuando A.J. comenzó a aceptar a su madre con sus defectos y virtudes, sin condenarla ni evaluarla, se tranquilizó un poco. Sin embargo, no creo que perdone totalmente la falta de solidaridad de su madre. Durante años el rencor durmió en su memoria y despertó cuando vio lo que sentía por sus propias hijas. "Doctor, — me decía — ahora que tengo hijas grandecitas, no entiendo cómo fue que ella no me trató como yo lo hago con las mías... Ellas son para mí lo primero... Aunque pueda ser malo, yo me comparo con mi madre... y le juro que... duele decirlo... soy mucho mejor mamá de lo que ella fue".

Otro descubrimiento de A.J. fue la aceptación de su padre pese a su rigidez y dureza. "Lo de mi padre es comprensible... Pero lo de mi madre..." La tristeza casi permanente de A.J. era explicada por la principal causa de los estados depresivos: el desamor. Para colmo, de la madre.

No acoses tanto en el amor y déjale el beneficio de la duda. Intentar no ser egoísta y entregarte sin miramientos es una meta loable, pero no hagas de ese objetivo un requisito obsesivo del amor, porque se convertirá en un suplicio. Nadie puede decir "de esta agua no beberé", ni dejar de trastrabillar por el camino. Si absurda e inhumanamente asumes la responsabilidad agobiante de ser solidario por encima y a pesar de todo, te sentirás como el mayor traidor de la historia. Te despreciarás por no haber cumplido al pie de la letra con el pacto sagrado. No hablo solamente de huir ante la adversidad real, sino también del abandono y la deslealtad psicológica, que no se ve, pero existe. Acepta tus límites, asúmelos y comunícalos honestamente: no hay mayor lealtad.

El amor realista: algunas consideraciones finales

Sin la intensidad de nuestra propia vivencia personal, los datos aportados por la ciencia y la experiencia clínica harían pensar en un panorama más bien desesperanzado para el futuro del amor interpersonal.

Si aceptamos que el amor es emoción pura, deberíamos esperar irremediablemente su agotamiento. El mundo del amor sólo sería para los amantes y de ninguna manera adaptativo para la supervivencia del hombre en el planeta. Si por el contrario sólo fuera voluntad, habría desaparecido por aburrido. El amor sería para intelectuales tipo "nerds". Si la esencia del amor estuviera determinada exclusivamente por lo comportamental-biológico, la vida sería, con el respeto debido, un matriarcado, algo así como una enorme guardería.

No cabe duda de que la estructura básica del amor es de composición mixta (emoción, razón y comportamiento) y más compleja de lo que muchos psicólogos y científicos creen. Existen estilos personales, muy particularizados, acordes con la herencia, la educación y los valores recibidos. Hay personas más emocionales, más pensantes o más hacedoras en su manera de amar, según el peso o la preponderancia sea Tipo I, II ó III. No está de más resaltar que la división de los tipos de amor que he propuesto se debe principalmente a un intento por facilitar su comprensión. En la práctica, el contenido esquemático del amor es intrincado y no separable.

Conceptualizar el amor interpersonal como un fenómeno inmanente y cuasi perfecto, ha incrementado notablemente la probabilidad de que el acto de amar sea frustrante. De manera frecuente, las personas chocan con una realidad que no concuerda con el esquema teórico propuesto por la cultura. Tal como vimos, las ideas que profesamos sobre lo que es amar parecen estar sustentadas más en una expresión de deseo, que en hechos consumados. La solidaridad, la felicidad, la exclusividad y la inagotabilidad absoluta del amor, son vestigios del más recalcitrante romanticismo y del más exagerado optimismo. No estaría mal tal expresión de fe, si no tuviera efectos dañinos en la vida psicológica de las personas: un amor inalcanzable se vuelve aversivo y doloroso.

La aceptación incondicional del amor absolutista no es otra cosa que fanatismo. Y como toda actitud dogmática y arrogante, los precursores del amor ideal olvidan y niegan la abrumadora evidencia desconfirmatoria de sus falsas creencias. Es tal la convicción del paradigma reinante frente al amor, que los profesionales de la salud mental no hemos desarrollado estrategias para atacar los "amores exagerados", sino los "males del desamor". Hemos dado por sentado que "amar" es bueno, no importa las implicaciones y alteraciones para el paciente; si es por "amor", se justifica. La depresión (desamor) ocupa, sin lugar a dudas, más páginas que el enamoramiento en la literatura psicológica y psiquiátrica.

El choque amor real vs. ideal, puede literalmente destruir la estabilidad mental de cualquier humano, si no se está en guardia. Las posiciones cándidas e ingenuas frente a las relaciones amorosas incrementan la vulnerabilidad a los fracasos afectivos, hace a las personas más intolerantes ante los errores de la pareja, genera actitudes depresivas, disminuye la satisfacción sexual e incrementa la inseguridad personal, entre otras. Aprender a ver el amor como realmente es, desarrolla inmunidad al sufrimiento, alta tolerancia a la frustración, mejora la toma de decisiones y la resolución de problemas.

Para vivir una relación afectiva

sana y alegre, no necesitamos el amor de película, sino el de verdad. Quizá nos decepcione un poco que no haya calabazas convertidas en carrozas, príncipes y milagros. Pero es posible que la magia esté en insertar el amor en la convivencia mundana y el quehacer cotidiano de una humanidad personal cada vez más tambaleante. Un amor parcializado, cómodo y sólo para determinadas ocasiones, es mentiroso. La sensibilidad que brinda el amor realista se hace evidente en el aquí y el ahora, con debilidades y virtudes, sin escenarios o escenografías artificiales, y con un gran sentido perceptivo.

El amor real es aceptación con honestidad: "Esto me gusta de ti, esto otro no" "Te quiero, pero también queriéndome" "Si me anulara a mí mismo por ti, no sabría cómo quererte". Es reconocer a la persona tal como es, y no como debería ser según los expertos en amor y lo que manda el precepto. Muchos se enamoran del amor y no de la persona, utilizando su pareja como un medio para sentir la tan añorada pasión y tratando de acoplarla al patrón preestablecido. Si limpiáramos lo que más pudiéramos nuestra mente de falsas esperanzas, expectativas, imágenes, recuerdos y cuentos de hadas, podríamos establecer una conexión directa con el amor y sentir su verdadera fuerza. Al hacer contacto con el amor real descubriríamos un sentimiento vivo que podría manifestarse en todas partes y bajo cualquier circunstancia: en bus, con aguaceros, en la oficina, y hasta con dolor de muelas.

El amor real no pretende sólo estar anclado en lo malo, sino en todo lo que conforma la vida. Los sensibleros vuelan muy alto y sólo se atan a lo bueno: el amor que promulgan es demasiado acomodaticio y selectivo. A veces se levanta tanto que pierden el regreso a casa. Los enemigos del amor, los pesimistas, se arrastran morbosamente por los desperdicios: su amor es ciego y rencoroso. El amor realista, vuela bajito, pero vuela; está parado en la cotidianidad, disfruta lo bueno y afronta lo malo. El amor realista es menos papista que el Papa. No sigue reglas ni utopías. Se redescubre a sí mismo a cada instante, entre caídas y tropiezos. Cuando se equivoca, da la cara. Siempre mira a los ojos y sin tapujos, aunque algo mordaz e irreverente se burle del amor ideal por pendejo.

Asumir una actitud realista en el amor no implica perder el asombro, ni la sensibilidad frente a la propia vida interior. Por el contrario, es conjugar la belleza del más grande de los acontecimientos, con una alta dosis de inteligencia. El amor ignorante, además de soberbio, es peligroso.

El proceso de amar es algo viviente y no letra muerta. La tremenda energía que contiene el amor interpersonal se hace evidente cuando el bloqueo de la ilusión y el ideal de la programación cultural desaparecen y permiten el flujo natural del afecto con toda su potencia. Cuando en el normal y habitual intercambio con otras personas, simplemente liberamos el amor de requerimientos, de manera muy sencilla adviene un sentimiento nuevo de tranquilidad donde el esfuerzo se reduce: nada espectacular. No es iluminación, ni santidad o gracia divina, sino la sensación de "dejar ser", como cuando abrimos la puerta de una jaula para que el pájaro comience a volar como solamente él sabe hacerlo. Respetar el amor es cortar los barrotes de virtudes, valores y aspiraciones marcadas por el deseo personal-cultural y dejarlo tranquilo, en libertad, para que aprendamos a conocerlo mejor y a convivir con él.

PARTE II

LOS ESTILOS AFECTIVOS
Y SUS ALTERACIONES

Fui al mercado de los pájaros
Y compré pájaros
Para ti
amor mío.
Fui al mercado de las flores
Y compré flores
Para ti
amor mío.
Fui al mercado de los hierros viejos
Y compré cadenas
Pesadas cadenas
Para ti
amor mío.
Después fui al mercado de esclavos
Y te busqué
Pero no te encontré
amor mío.

JACQUES PREVERT

La importancia de las relaciones interpersonales para el desarrollo psicológico es indudable. Tal como lo acreditan numerosas investigaciones, los chimpancés criados con familias humanas adquieren un nivel de conciencia del "sí mismo" realmente impresionante. Aunque no pueden hablar, se reconocen en películas y fotografías y son capaces de utilizar, aunque de manera incipiente, cierto lenguaje simbólico. En un sentido opuesto, los niños criados por animales, como por ejemplo los niños lobos, no adquieren conciencia humana: son más "animales" que los chimpancés arriba mencionados.

No cabe duda de que la característica más humana del "yo" se aprende al convivir en comunidad y relacionarnos con las demás personas. A este fenómeno se lo conoce como el "efecto de mirarse al espejo" y es considerado como la principal fuente de aprendizaje. Nos miramos en las personas y ahí desarrollamos la idea y la conciencia de que somos humanos. Es en el contacto directo, cuanto más íntimo mejor, donde las facultades psicológicas superiores de los niños se estructuran y fortalecen. El intercambio afectivo se convierte así en la esencia básica de la comunicación humana. No solamente nos provee gratificación y placer, sino que puede considerárselo como el principal responsable del proceso de humanización.

En el intercambio afectivo, como en cualquier tipo de comunicación, la información viaja desde un emisor hasta un receptor o, para ser más exacto, un "perceptor", el cual descodifica, traduce e interpreta el mensaje de acuerdo con sus propios intereses, valores y necesidades. Las personas no somos ni "traductores" ni emisores objetivos e imparciales. En los canales de comunicación siempre existen interferencias, debido a que la experiencia previa depositada en la memoria actúa sobre la estimulación que entra y sale del organismo.

En la memoria, además de los millones de años de evolución del hombre, se condensa la historia personal y particular de las experiencias únicas e irreproducibles de nuestras vidas. Este enorme cúmulo de información genética y social es los que conforma el "yo" o autoesquema. Esta estructura central guía y organiza la relación con el mundo y con uno mismo.

Si las vivencias almacenadas en la memoria son negativas, la interferencia será limitante y disfuncional: la persona se mostrará rígida, pesimista e insegura. Si por el contrario, el contenido informacional almacenado es optimista y de carácter positivo, obrará como un facilitador de buen pronóstico: el sujeto será seguro, flexible y mentalmente sano. Las conclusiones erróneas en la toma de decisiones son el resultado de una mala "base de datos", genética o socialmente programada.

Por ejemplo, si el sujeto ha sido abandonado y poco amado en la infancia, podrá generar un esquema básico de "probablemente me abandonarán" o "el amor no existe". Como mecanismo de defensa preferirá estar sólo para evitar anticipadamente el sufrimiento de ser nuevamente abandonado, aunque desee profundamente el amor. Si alguien ha sido fuertemente humillado o victimizado en la infancia, posiblemente estructure una teoría de "la gente es mala" o "hay que defenderse del mundo". Se alejará de las personas para protegerse de ser explotado. Dos bases de datos distintas y el mismo comportamiento: la soledad.

Algunos van más allá y proponen que el problema del ser humano es la memoria misma, independientemente del contenido almacenado. Según ellos, el "asombro filosófico" que acompaña los procesos de alta espiritualidad, es precisamente la capacidad de ver las cosas como si fueran por primera vez, sin encasillarlas en esquemas previos. Una observación sin ideas ni juzgamiento de ningún tipo, nos acercaría a la tan anhelada verdad, Dios o como queramos llamarlo. Parecería que el bagaje previo, aunque necesario para subsistir, nos aleja de aquella sensibilidad pura e inocente de ver lo que es, tal cual es. Krishnamurti decía: "La creencia, cualquiera sea ella, divide a la humanidad".

Las ideas preconcebidas equivocadas sobre la gente se conocen con el nombre de estereotipos. La cultura y la propia experiencia crean estereotipos de toda clase: "Los costeños son perezosos" "Los antioqueños son trabajadores" "Los judíos son amarrados" "Los ingleses son flemáticos" "Las mujeres son débiles" "Los contadores son introvertidos", y así. Cuando la realidad no coincide con las creencias, entramos en un proceso que se conoce con el nombre de "disonancia cognitiva", una contradicción mental, la cual siempre solucionamos tratando de mantener el esquema. Por ejemplo, si un empresario pensara que las mujeres son biológicamente inferiores y descubriera que los mayores logros económicos alcanzados en su organización se debieran a la creatividad y empuje de una mujer ejecutiva, se vería en un verdadero aprieto. Un buen procesador diría algo así: "Los hechos me demuestran que debo revisar el concepto que tenía de las mujeres". Un mal procesador probablemente haría la siguiente aseveración: "Es difícil de creer... Debe de haber alguna explicación... ¿Seguro la idea fue de ella?... ¿Es posible que se la haya robado a alguien?... O quizás se trate de una lesbiana".

En toda comunicación existe la tendencia natural a distorsionar la información a favor de las ideas existentes (ciertas o no) y a desconocer (olvidar, negar) aquella información que no es congruente con los esquemas previos. Realmente sólo percibimos lo que nos conviene.

En la mayoría de las situaciones sociales interpersonales la relación se construye sobre la base de imágenes, prejuicios y primeras impresiones que nos generan los otros. Muy rara vez le damos a nuestros interlocutores la posibilidad de conocerlos limpia y transparentemente o, lo que es lo mismo, sin evaluación alguna.

Por lo general nos conectamos con la imagen o la idea que construimos de la otra persona y no con lo que ella es.

El verdadero contacto afectivo implica limpiar la mente de contenidos distorsionadores y valoraciones destructivas, lo cual es un proceso muy difícil de lograr. La comunicación afectiva adecuada y sana es aquélla donde las interferencias negativas se reducen a su mínima expresión. Un buen descodificador afectivo deja entrar la información respetando lo máximo posible el estado natural de los hechos, para hacer el mejor contacto con la realidad. Desgraciadamente, el estilo social al cual estamos acostumbrados no fomenta la aceptación sincera, sino la imposición agresiva y egoísta de nuestro propio parecer, intelectual y afectivo.

Para complicar aun más las cosas, el intercambio afectivo, además del componente verbal, posee un lenguaje muy particular que parece estar arraigado fuertemente en un sustrato innato y biológico. Dicho de otra manera, el amor no sólo se expresa hablando sino gesticulando, mirando, actuando, contando, sonriendo, acariciando, chupando, mordiendo, haciendo cosquillas, besando y, la manera más famosa de todas, haciendo precisamente el amor.

Es indudable que gran parte de la lectura y comprensión de esas claves no requieren de un aprendizaje racional. El amor se lee, sin haber aprendido a leer. Poseemos cierta habilidad natural e inconsciente para descifrar en el otro ese lenguaje especial-primitivo, y cuando las barreras defensivas de nuestra racionalidad descienden, algo maravilloso ocurre, las señales adquieren un significado hasta entonces desconocido. Un sorprendente rompecabezas adquiere forma y sentido.

Los malos aprendizajes y las absurdas atrofias culturales, la propia inseguridad frente a la posibilidad del rechazo, el miedo a sufrir, el egoísmo, la búsqueda desesperada de aprobación y demás bloqueos, han impedido que el intercambio afectivo sea un hecho natural y agradable.

El dar y recibir afecto se ha convertido en una especie de batalla donde es preciso obtener algo y no dejarse estafar por el otro. La negociación ha reemplazado la convivencia honesta y sincera. "No se pueden mostrar muchas ganas", vendemos imagen, compramos imagen. El estilo del moderno "consumidor afectivo" ha llevado a un diálogo de "descrestador vs. descrestado". Se ha desarrollado una "dislexia afectiva" donde ni siquiera entendemos el idioma de los sentimientos. Estamos tan ocupados en ser aceptados, que el *marketing* nos ha vuelto torpes y artificiales: las relaciones afectivas se han plastificado.

Cuando les pregunto a mis jóvenes (y no tan jóvenes) pacientes su opinión sobre la persona que conocieron el último fin de semana, la respuesta suele ser la típica descripción de un carro: buenas llantas, dirección hidráulica, de buena familia, motor transversal, cero kilómetros, buen estudiante, responsable, honrado, fácil de vender y con dientes blancos (apenas una carie). Cuando les pregunto qué les pareció como ser humano, se agregan a la lista anterior nuevas virtudes como tamaño de las nalgas (ya sean hombres o mujeres), altura, peso, novias o novios anteriores, éxito profesional y cosas por el estilo. Cuando insisto y pregunto qué piensa, qué siente y cómo vive la persona que conocieron: silencio absoluto. No captaron más que la apariencia. El resultado obvio de los monólogos entre sordos. El analfabetismo afectivo alimenta la superficialidad.

En resumen, un mal intercambio afectivo se manifiesta en un contacto superficial e incompleto y una enorme dificultad para descifrar las claves del interlocutor. Los esquemas negativos son los principales responsables de la distorsión afectiva. La idea que tengamos de nosotros mismos y de la gente, conforma un patrón emocional sobre el cual establecemos todas las relaciones interpersonales futuras. Por ejemplo, si alguien se siente desagradable y ve a las personas como mucho más que él/ella, siempre se sentirá por debajo. Si por el contrario, la persona se siente muy especial y ve a la gente como inferior, se colocará por encima. En ambos casos la relación estará desbalanceada y el intercambio obstaculizado.

El balance afectivo

Un buen intercambio afectivo requiere de un balance equilibrado entre el "dar" y el "recibir". Los seres humanos mostramos preferencias a este respecto. Algunos se complacen más en recibir y otros en entregar amor. Lo curioso es que contrariamente a lo que nos sugiere el sentido común, no todas las personas disfrutan exclusivamente recibiendo amor. Muchos lo hacen entregando afecto. La idea cultural de un "narcisismo" generalizado, entra en aparente contradicción con una considerable legión de "dadores afectivos" que deambulan por el mundo sobrecargados de afectividad positiva.

Cada uno de nosotros posee preferencias afectivas y goces particulares sobre la relación amorosa. Los buenos "dadores" afectivos son personas que disfrutan enormemente dispensando amor a su pareja: "Contemplarte me hace realmente feliz" (tocar puede ser más placentero que ser tocado). Los buenos "receptores" obtienen su máximo placer al recibir afecto: "Me encanta que me contemples". Ninguno es mejor ni peor que el otro, son aspectos complementarios de un mismo proceso comunicativo que pretenden encajar. Dos caras de la misma moneda. Como resulta evidente, tampoco son incompatibles. La preferencia por dar no implica la aversión por recibir, sino simplemente una predilección.

Los buenos "dadores-receptores" son personas sin bloqueos de ningún tipo. Están dispuestos al intercambio total. No son quisquillosos o exigentes en algún sentido. Los canales de comunicación están libres de interferencia, tanto para un lado como para el otro.

Los "dadores-no receptores" y los "no dadores-receptores" son personas que se hallan desequilibradas en su capacidad de intercambio. Sus barreras e inseguridades asoman cuando se ven obligadas a desmontar sus "no" y a entregar o recibir amor de acuerdo con lo que la pareja necesite o demande.

A veces los desequilibrios se acomodan, como si dos cojos compartieran la pierna buena y escondieran la mala.

Por ejemplo, un "dador-no receptor" con un "receptor- no dador": mientras uno es feliz dando, el otro se regocija recibiendo, pero el proceso inverso está atrofiado. En las parejas suele haber acuerdos implícitos sobre qué se debe y qué no se debe hacer. Si el aparente equilibrio se rompe, los trapitos sucios salen al sol.

En otras ocasiones, el acople es por lo negativo. Una mujer relativamente madura, casada hace veinte años, jamás había logrado sentir un orgasmo con su marido, ni había sido capaz de comunicárselo. Debido a comentarios de algunas amigas recientes, referentes al tremendo placer que sentían en sus relaciones sexuales, y por sugerencia mía, decidió romper el silencio y demandar, amigable y cariñosamente, satisfacción sexual a su pareja. Su marido (aunque cueste creerlo, verdaderamente asombrado y herido por la exigencia de su esposa) pidió inmediatamente cita con el psicólogo que estaba "metiéndole ideas raras" a su señora. Después de algunas sesiones, donde el ofendido señor bajó sus defensas machistas,

apareció un problema crónico de eyaculación precoz, al cual se había adaptado irracionalmente la señora "para no herir sus
sentimientos". Los humanos nos habitua-
mos a las cosas más absurdas y con el
tiempo las terminamos viendo como algo
normal. Quedamos apresados en el micro-
cosmos del entorno inmediato y perde-
mos la dimensión universal de los hechos.
Con frecuencia creamos incapacidades
inexistentes (v.g. inorgasmia), para adap-
tarnos a las deficiencias de la otra parte
(v.g. eyaculación precoz), en lugar de propender al proceso sano de modificación:
eliminar la eyaculación precoz para favo-
recer el orgasmo de la mujer.

Por más irracional que parez-
ca, teniendo la posibilidad de complemen-
tarnos en lo positivo, muchas veces nive-
lamos por el lado inadecuado. Si la otra
parte es lenta, poco perfeccionista, cómoda y perezosa, entonces es mejor adoptar
el papel de cumplidor, puntual, activo,
tenaz y persistente. Si el marido no produce dinero, la mujer se convierte en
negociante. Si la señora es fría y poco afec-

tuosa (no dadora), el señor se convierte en no receptor. El autolavado cerebral es del tipo: "Realmente, uno cambia unas cosa por otras". Esta ley de la compensación deficitaria, asentada en la comodidad y la evitación, produce un balance negativo entre el dar y el recibir, hasta ocultar el verdadero problema. No remover el avispero y convivir con las avispas. Resulta sorprendente que nos acostumbremos a lo desagradable, casi tanto como a lo agradable, sin al menos intentar solucionarlo. No hablo de recibir cosas a cambio, sino al ejercicio del derecho más elemental de vivir saludablemente. Ayudar a la pareja cuando lo necesite es imprescindible para que el vínculo se fortalezca y una consecuencia natural del amor, pero patrocinarle los problemas en pos de la convivencia no es aceptable. Y si tal desidia es perjudicial para ambos, ni qué hablar.

La unión deficitaria no siempre está asentada en la compensación, sino también en la concordancia de problemas reales arrastrados desde antes de conocerse. Por ejemplo, la literatura psicológica científica cita varios casos de esposos enuréticos (enuresis es un trastorno donde el sujeto se orina en la cama), que se acostumbraban a la alteración del otro por beneficio propio y se negaban a modificar su problema. De hecho, si alguno se hubiera curado y el otro no, la posibilidad de una ruptura hubiese sido considerablemente alta. Es frecuente hallar parejas donde ambos son alcohólicos, drogadictos, estafadores o degenerados; la coincidencia del mal los une, y peor aun, los mantiene.

Los intercambios afectivos equilibrados negativamente son tan resistentes y duraderos como una epidemia de la edad media. "Ella no me exige en lo que yo no le puedo dar, ni yo lo que ella no puede, ¿no es perfecto?" Pero, ¿qué ocurre cuando lo que no se exige y demanda es vital? La aceptación por el otro es muy importante, pero no más que la propia autoestima. Muchos de estos "acuerdos" me recuerdan el agua estancada: si no se remueve, la suciedad del fondo no sale a flote y el agua sigue manteniendo la apariencia de limpia y transparente. La inseguridad compartida puede producir tanta cohesión como el amor y tanta destrucción como el cáncer.

Una de las formas más engañosas de unión negativa es cuando no hay contacto de ningún tipo; no hay sintonía, deseo, admiración, rabia, celos, inseguridad, es decir, un cadáver afectivo. He visto muchas parejas "ejemplares" donde ambos eran "no dadores-no receptores". La coexistencia pacífica en el vacío total. Si no hay relación, no hay nada; ni siquiera problemas. Cuando veo una pareja de esas que siempre están de acuerdo en todo, me pregunto cuál será el problema oculto.

Cierta vez una paciente, mujer de cincuenta y siete años, me dijo en su primera cita: "Doctor, vengo para que me ayude con mi depresión... A veces me siento supremamente nerviosa e insegura y no entiendo por qué... Ya casé a mis hijos y ahora que es la edad de disfrutar con mi marido, que al fin estamos solos... (llanto)... ¡Me siento tan sola!... No tengo razón para sentirme así. Él es el hombre más bueno del mundo, nunca discutimos durante casi treinta años de casados... Es difícil de creer, pero ni un sí, ni un no... Es ridículo... Pero a veces pienso que no me quiere..."

Le contesté a la señora que comprendía su estado emocional y la ayudaría dentro de mis posibilidades, pero que mi mayor preocupación era el "ni un sí, ni un no". Era estadísticamente sospechoso que no hubiera discrepado en tantos años. Como se trataba de una señora inteligente y observadora, opté por resumirle una obra de teatro argentina llamada *El gran desclave* (El gran destape). Como ocurre en la dramaturgia, aunque pueda perecer exagerado, el lenguaje teatral magnifica y exalta ciertos aspectos que el autor considera dignos de exponer. La historia en cuestión se refiere a una pareja que en apariencia mostraba una vida cordial, amable y satisfactoria. En la escena inicial ambos aparecían frente a un televisor que mostraba una telenovela por capítulos. Por alguna razón, el aparato se descompone, llega el técnico y se lo lleva para repararlo hasta el otro día. Toda la obra transcurre en ese espacio temporal cuando los dos esposos deben convivir sin la "distracción" del televisor. El choque de ambos se presenta como brutal, sarcástico y destructivo. Los conflictos de toda una vida afloran con la violencia más inusitada. En el último acto, cuando él se hallaba disfrazado de novia y ella de hombre, sucios, golpeados, con los muebles destrozados y el alma también, tocan el timbre, se abre la puerta y resulta ser el técnico electricista con el televisor arreglado. Entra, lo conecta, cobra su dinero y se va. Cuando ambos están por recomenzar la guerra campal, la telenovela que seguían aparece en la pantalla. Ambos dirigen la mirada hacia el televisor, hacen un comentario alusivo al argumento y se van sentado nuevamente frente al aparato. Las luces descienden lentamente.

Mi paciente comprendió inmediatamente el mensaje. Por primera vez estaba frente a frente con su realidad afectiva. Sin excusas, ni hijos, ni distracciones de ningún tipo. Había llegado la hora de destapar la olla y nadie era capaz, porque desconocían su contenido. Un encuentro tardío estaba próximo a producirse y mi paciente estaba temerosa. Un viaje a lo desconocido, después de casi treinta años de casados. Triste.

El camino del crecimiento afectivo no está en cortarse una pierna para que el otro no sienta la cojera. Tampoco se trata de compartir la hipocondría para sentirse aliviado, sino curarla y erradicarla. Si los aspectos negativos que sirven de apoyo son perniciosos, hay que eliminarlos. Un balance afectivo adecuado requiere estar abierto a dar y recibir afecto, asumiendo las consecuencias y corriendo riesgos. Un buen dador-receptor no se acopla pasivamente a las inseguridades propias o ajenas: las pone sobre el tapete realistamente y las afronta. No se esconde tras las barreras de la mentira y del autoengaño, para que el amor le sirva de refugio. En el amor sincero y maduro, la comunicación es siempre atrevida, indiscreta y desprevenida. O lo que es lo mismo, libre. Equilibrarse por lo negativo es la posición cómoda y facilista del pusilánime. Cuando las deficiencias y los problemas son el principal punto de unión, el desarrollo del amor se estanca. Como una infección no tratada, va socavando la intimidad y destruyendo la "magia" de lo nuevo. Por el contrario, un enfoque global y holístico, contactarse por lo positivo e intentar modificar al mismo tiempo lo inadecuado, es refrescante. Si tratas tus "no" y refuerzas los aspectos positivos, tu relación crecerá fuerte y sana, porque no estarás parcializándola de acuerdo con tu conveniencia. No estoy pregonando la indiferencia por el dolor de la pareja o la evitación de los problemas. Por el contrario, estoy afirmando que una buena pareja comparte todo. Una pareja sólida no se resigna a lo malo sin ofrecer la lucha de los que tienen el derecho a ser felices. Si dices que no se puede, que es imposible y que es perder el tiempo, al menos inténtalo. Como reza un viejo refrán: "De los cobardes nada se ha escrito en la historia".

La territorialidad

Las relaciones interpersonales pueden comprenderse mejor a la luz del concepto de territorialidad. Si bien no es la única variable responsable, su participación parece ser determinante en el intercambio personal.

Los humanos, al igual que los animales, estructuran a su alrededor un espacio privativo y exclusivo, a partir del cual se sienten amenazados si alguien traspasa este umbral de reserva personal. Este "territorio" puede ser tanto físico como psicológico.

La utilidad de limitar un paraje en las especies animales, e incluso en algunos grupos tribales, consiste en establecer reglas, tanto para el ataque como para la defensa. Decir, "hasta aquí mando yo", es casi un aviso de cortesía al supuesto visitante: "Si se te ocurre traspasar esta frontera, no respondo por las consecuencias", y un acto de reconocimiento a los derechos del otro: "Sólo hasta aquí... más allá haz lo que quieras". En las especies no humanas, las marcas divisorias obedecen a un motivo de supervivencia objetiva. La razón natural excede el crecimiento o la exaltación del ego. Ningún león tratará de llamar la atención de su vecinos mostrando que su territorio tiene más matorrales o está mejor "dibujado". La comarca, en el mundo animal, lejos de facilitar una destructiva explotación de sus feudos, permite optimizar los recursos de vigilancia y desarrollar, valga lo humano del término, una actitud previsora. Si la región a defender fuera hasta donde la vista alcanzara, los animales serían violentados con cualquier visitante que apareciera en su campo visual. La economía está en actuar de acuerdo con el precepto: "De aquí en adelante me empiezo a preocupar. Más allá; no me importa".

La psicología social ha establecido que, dependiendo de la cultura y del sexo, los humanos nos sentimos muy incómodos a partir de 50 ó 60 centímetros. Es decir, si otro humano (obviamente distinto a la pareja, la mamá o alguien que se quiera o necesite mucho) "penetra" y se aproxima a más de esa distancia física o corporal, muy probablemente comenzaremos a sentir el síndrome de la invasión. Aunque por lo general el tono afectivo que acompaña esa intromisión es negativo, si el intruso reúne ciertas condiciones y produce una extraña sensación de inestabilidad placentera (acompañada de escalofríos, taquicardia leve y una ola de calor que sube desde abajo), estamos dispuestos a deponer las armas y a entregar los dominios que tanto hemos defendido. El más devastador de los intrusos es el amor.

En la territorialidad psicológica también existe una especie de soberanía personal, la cual defendemos permanentemente. Creamos espacios y límites de seguridad para protegernos de la intromisión de extraños y sospechosos. La línea divisoria entre "él" y "yo" está en proporción directa a qué tan amenazante es el "enemigo". Sin embargo, a diferencia de lo que ocurre en el mundo animal, donde el espacio cumple la función de espantar a los depredadores reales, los reductos psicológicos que nos esforzamos en cuidar no siempre cumplen esa función adaptativa. Muchas veces defendemos valores psicológicos caducos, inútiles, poco adaptativos y absolutamente irreales. Por ejemplo, una persona con delirio de persecución, consecuente con la idea de que pretenden matarla, tendrá un territorio psicológico supremamente grande a su alrededor. No dejará aproximarse a nadie. Percibirá la más inocente pregunta como mal intencionada y el mínimo roce como un ataque a gran escala. En otro ejemplo, un individuo que se considere a sí mismo como incompetente, poco interesante e indeseable, evitará darse a conocer por miedo a la evaluación. Colocará barreras, obstáculos y demarcaciones rigurosas, para no sentirse "descubierto" y decepcionar a su interlocutor. Tal como se desprende, en muchas ocasiones invertimos un número considerable de recursos en organizar barricadas, muros y contenciones para escudarnos de nuestras propias debilidades y alucinaciones. El dolor mental (sufrimiento) se produce precisamente cuando "inventamos" estas necesidades psicológicas (v.g. apego, posesión, envidia, aprobación).

Tony de Melo dice al respecto: "La vida no es problemática . Es el Yo (la mente humana) el que crea los problemas. A ver si eres capaz de comprender que el sufrimiento no está en la realidad sino en ti. Por eso en todas las religiones se ha predicado que debe morir el Yo para volver a nacer... La realidad no hace los problemas, los problemas nacen de la mente cuando estás dormido. Tú pones los problemas".

El contenido de esta frase hinduista debe tomarse con cuidado. Como ocurre en toda concepción radical, las excepciones a la regla suelen ser demasiadas. Sería interesante preguntarle a algún judío sobreviviente de la Segunda Guerra Mundial, si cuando la torturaban los nazis y veía morir a sus seres amados en la cámara de gas, era un problema de "apego" y si el "hecho" lo ponía él. Podríamos decir que si el medio es neutro o benigno, o incluso moderadamente aversivo, la percepción psicológica es una variable de muchísimo peso. Cuando la situación ambiental es muy aversiva o realmente peligrosa, lo psicológico no parece tener mucho peso explicativo. Creo que los "no iluminados" estarán de acuerdo conmigo en esta última afirmación.

En todo caso, y tratando de ser justos con la aseveración del maestro de Melo, debo reconocer que la gran mayoría de las preocupaciones psicológicas no tiene apoyo en una realidad concreta (si la tuviera posiblemente no serían tan psicológicas), sino que son manifestaciones de estructuras mentales inculcadas por la educación. Por ejemplo, si sufro y me incomoda demasiado que alguna persona conocida me deje de saludar, ese sufrimiento está señalando una estructura mental conocida por los psicólogos como "necesidad de aprobación", que se ve supuestamente amenazada. Un análisis más detallado demostraría que tal *necesidad de aprobación* es un "órgano mental" aprendido, que no tiene que existir, ya que no es vital, no cumple ninguna función y no es fundamental para la subsistencia de nadie. Hemos creado la ilusión de que "eso" debe ser así, y si no, es la catástrofe. Inventamos una necesidad suntuaria e inoficiosa, sin base biológica o de supervivencia real para la especie, de la cual se podría prescindir de inmediato sin más consecuencia que el alivio, pero quedamos atrapados en ella. Los sujetos que sufren del mal de la aprobación se la pasan evitando personas que puedan llegar a criticarlos, haciendo lo que los otros esperan que hagan o maquillando la personalidad para gustar: cualquier cosa para escapar al rechazo.

La actitud defensiva también puede ser descriminatoria: "No debo aproximarme ni dejar acercar a personas demasiado sinceras, fuertes o críticas; sólo dejaré entrar en mi vida a personas que me aprueben" Una territorialidad con agujeros.

En otras palabras, una vez el esquema se instala, sea bueno o malo, y sea aceptado por la mente, comienza la construcción de un resguardo psicológico seguro y hermético para protegerlo, se entrenan guardianes y se hace todo un despliegue de mecanismos sofisticados para mantener afuera a los agentes supuestamente dañinos. Inventamos el valor y luego nos inclinamos ante él para adorarlo y ampararlo. Víctimas de nuestro propio invento.

Como el incremento de la territorialidad tiene por objetivo proteger los esquemas interpersonales, ya sea no dejando entrar a nadie en la intimidad y/o pasando desapercibido, los que la utilizan con frecuencia generan un estilo hosco, poco comunicativo y desinteresado hacia las otras personas. A los ojos de un observador desprevenido pueden aparecer como antipáticos, fríos y creídos, cuando en realidad sólo se defienden irracionalmente de sus propios temores ilusorios. La filosofía de: "Si no me meto con nadie, nadie me molestará", los lleva a ser cada vez más lejanos y poco preocupados por su prójimo. Escuchan poco, no hacen contacto, no hablan de sí mismos, son esquivos y muy poco detallistas. No dan nada para no tener que "encartarse" con tener que recibir luego la retroalimentación. Jamás preguntan: "Tú qué sientes" "Tú qué piensas" "Tú qué opinas". Para ellos, el "tú" es comprometedor.

Si amplificar la territorialidad produce un efecto bloqueador de la expresión y la comunicación interpersonal, la reducción de la misma, aunque facilita el intercambio, no lo garantiza. Se puede tener una muy baja territorialidad y mostrar alteraciones de todas maneras. Los que sufren de adicción afectiva y apego, disminuyen sus defensas al mínimo y dejan entrar a cualquiera. Como dice el refrán: "Ni tanto que queme al santo, ni tan poco que no lo alumbre". Las personas lambonas y hostigantes carecen totalmente de espacios de reserva. Es tan malo entrar en guerra, como no tener soberanía.

En general, y tal como veremos en lo que resta de la segunda parte, la territorialidad modula, reduce o amplifica la capacidad de intercambio de una manera muy significativa. Puede cumplir una función adaptativa e importante cuando la delimitación pretende frenar depredadores reales, pero impide hacer contacto con los problemas psicológicos cuando su función es salvaguardar esquemas mentales.

Los estilos afectivos: alteraciones y desequilibrios

Aunque la genética nos provee de herramienta para facilitar el intercambio afectivo, la mayoría de nuestros comportamientos en este campo son aprendidos. Sobre la rígida y generalizada herencia se van depositando modos y formas particulares de dar y recibir afecto, de acuerdo con los programas educativos a que se haya estado sometido.

El aprendizaje social sigue al menos tres principios básicos. Por medio de la recompensa física (premios) o verbal (elogios). Por ejemplo, si se felicita a un niño por ser ordenado y además los padres muestran orgullo por la forma en que coloca sus calcetines, calzoncillos, toallas y pantalones, no es de extrañar que con el tiempo el perfeccionismo se convierta en un valor para el infante. Muy probablemente traslade este estilo a otras situaciones de la vida y pretenda "amar a la perfección". Incluso podrá ensayar el Kamasutra con cierta actitud aséptica y depurada. Si los padres estimulan, premian, alaban y elimina el perfeccionismo de su hijo, y lo instauran como un factor vital educativo, este esquema podrá generar miedo a cometer errores y un estilo obsesivo.

El segundo principio es la imitación o modelaje. El niño arriba mencionado puede estar tan de malas que sus padres (modelo) practican el perfeccionismo de manera asidua y, para colmo, se ufanan de ello. Los niños hacen más lo que ven hacer, que lo que se les dice que hagan.

La tercera fuente de aprendizaje es la que se conoce como compensación. Por ejemplo, si el ambiente afectivo en el cual se levanta el niño es desordenado e inestable, existe la posibilidad de que en su vida adulta intente "compensar" el pasado, formalizando relaciones super estables, sistemáticas y predecibles: "Todo bajo control". El orden adquiere un valor de "reparación". El mismo patrón perfeccionista anterior, pero adquirido por una vía diferente.

La combinación de estas tres leyes básicas, y otras que no señalaré ahora por cuestiones de espacio, van definiendo una manera de ser en la vida. Tal como he dicho anteriormente, las teorías que poseemos del mundo y de nosotros mismos, alimentarán y determinarán una forma característica de relacionarse con las personas. A estas disposiciones peculiares y privativas de expresar y recibir afecto, se las denomina estilos afectivos.

Desgraciadamente, por diversas razones, estos hábitos no siempre son adecuados y pueden llegar a configurar una verdadera patología del amor. Cuando los estilos adquieren ciertos rasgos especiales extremos, se constituye una enfermedad psicológica, supremamente resistente al cambio, conocida como "desorden de la personalidad". Lo interesante es que la mente humana nos permite bordear el límite de estos trastornos y "jugar con ellos", sin tener que visitar necesariamente al psiquiatra de turno. En la gran mayoría de los humanos, el virus permanece latente y sólo asoma en situaciones de conflicto afectivo.

Reconocer en cada uno de nosotros estas tendencias, facilitaría la adopción de estrategias preventivas, aumentaría la inmunidad y nos alejaría prudentemente de la zona de riesgo. Sin embargo, y pese a las buenas intenciones de las campañas de prevención, el contacto con determinado tipo de información psicológica puede producir efectos inesperados. Una de mis alumnas se psicología clínica, al estudiar el tema de los desórdenes afectivos, me visitó muy preocupada. "¡Dios mío! ¡Necesito ayuda, doctor! ¡Estoy muy mal!... ¡Tengo todo lo que dice el libro!" Le contesté que su reacción era normal, ya que la gran mayoría de los lectores iniciales sobre estos temas sufre de una identificación hipocondríaca y les parece que "cuaja" muy bien con todas las categorías. Le dije que una lectura más cuidadosa sólo destacaría una o dos tendencias principales en su manera de ser, lo cual era natural y no significaba que sufriera de algún tipo de "enfermedad mental". Le agregué además: "No te preocupes, no se vuelve loco el que quiere, sino el que puede". Unos días después me alcanzó en los pasillos de la universidad y me dijo alegremente: "Estoy mucho más tranquila. Usted tenía razón... ¡Soy histérica!", me dio un expansivo beso en la mejilla y se marchó.

Describiré los principales estilos afectivos inadecuados, entendiendo la imposibilidad de agotar un tema de tal magnitud. Estas "malas costumbres afectivas" producen la mayoría de los desequilibrios del intercambio amoroso y, en su caso extremo, pueden requerir ayuda profesional competente. No siempre somos conscientes de estos hábitos y, posiblemente por tal razón, hay una fuerte resistencia a vernos identificados con ellos. Por lo general nos defendemos haciendo hincapié en las excepciones. A un paciente hombre le comenté que su estilo era el de un típico controlador persecutorio. No dejaba "respirar" a su esposa, la vigilaba permanentemente buscando evidencia de si era fiel o no, le prohibía usar ropa muy moderna, le exigía que estuviera en la casa antes de las seis, no la dejaba hablar por teléfono y revisaba los "sucios" de los quehaceres diarios. Me tardé más de media hora mostrándole ejemplos que sustentaban mi opinión. La evidencia era abrumadora. Sin embargo sólo se le ocurrió decir: "Bueno..., pero no siempre es así..." En su mentalidad, el violador no lo es tanto si sólo ataca de vez en cuando. Cada estilo posee un rasgo esencial, cuya presencia es suficiente para definir la tendencia, aunque no se manifieste todo el tiempo.

Presentaré nueve estilos básicos, los cuales se pueden agrupar a su vez en cuatro subgrupos de acuerdo con su territorialidad y su capacidad para intercambiar afectividad.

A. Los que se entregan demasiado y demandan, piden o esperan demasiado. Lo que caracteriza este grupo es el exceso en dar y recibir afecto, y una territorialidad prácticamente inexistente. Pertenecen a este grupo los _hostigantes-seductores,_ los _dependientes-débiles_ y los _controladores-obsesivos._ La esencia de este subgrupo es el apego a ciertas necesidades destructivas, la que a su vez se fundamenta en esquemas negativos interiores como: aprobación, debilidad y control. Tres necesidades distintas y el mismo temor básico: perder a la otra persona.

B. Los que se entregan demasiado y no demandan, piden o esperan nada. Estas personas muestran una muy baja territorialidad, pero solamente para la entrega. Se exceden en dar, pero son deficitarios en el momento de exigir. Pertenecen a este grupo los _sumisos._

C. Los que no se entregan, ni exigen, demandan o esperan nada. La esencia de este grupo es la territorialidad alta y, como consecuencia, una gran deficiencia en dar y recibir afecto. Pertenecen a este grupo, los *"no soy querible"*, los cómodos o *"no soporto sufrir"*, los *prevenidos-desconfiados* y los *pasivos-agresivos*.

      D. Los que no se entregan y demandan, exigen o esperan demasiado. Contrariamente a lo que ocurre con los sujetos del grupo B, aquí la territorialidad es muy pequeña, pero sólo para la recepción. Se exceden en recibir, pero son muy malos para dar amor. Pertenecen a este grupo los *narcisistas-egocéntricos*.

El estilo hostigante-seductor

      Nadie niega que la expresividad es buena y saludable, pero si se exagera es hostigante y perniciosa. La motivación fundamental de estas personas es captar y atraer la atención de la gente, momento a momento, para confirmar que son amadas. Para ellos la autoestima depende de qué tanta admiración y aprecio logre obtener de los otros. La necesidad enorme de aprobación los lleva a intentar a toda costa "atrapar" a los demás en las redes de su espacio personal. Cualquier recurso disponible es válido para cercar al otro y "devorarlo". A nadie le quepa duda: el canibalismo afectivo existe.

Cuando estos sujetos sospechan el rechazo o anticipan la pérdida, las estrategias de "arrastrar" a la persona amada pueden incrementarse ostensiblemente y conformar patrones de comportamiento teatrales y dramáticos. Para ellos, el amor es maquiavélico. El miedo puede llegar a niveles de verdadera desesperación y empujarlos a utilizar recursos como el suicidio simulado o el intento de agresión física. En ciertos casos, por errores de cálculo, los comportamientos de "llamar la atención" pueden ser supremamente peligroso. Un paciente hombre respondía a las críticas de su señora golpeándose la cabeza contra la pared, arremetiendo contra cosas, asomándose al balcón de manera riesgosa y haciendo amagos de tirarse del carro en plena marcha, si ella no mermaba la evaluación negativa. En uno de esos intentos tropezó realmente con una piedra y cayó por un barranco. Sufrió múltiples lesiones de gravedad y estuvo muy cerca de la muerte. Contrariamente a lo que se podría suponer, el accidente fomentó más la atención y preocupación de la señora por su marido. Las pataletas del señor, lejos de desaparecer, se incrementaron notablemente.

La idea de impresionar al otro, para que esté todo el tiempo y a cada instante pendiente, implica un gran desgaste, tanto para el dador, como para el receptor. El esposo de una de mis pacientes me decía: "Es realmente desesperante. Nada de lo que yo haga es suficiente... Si fuera por ella debería estar todo el tiempo a su lado... Cuanto más le doy, más quiere... Estoy agotado... Debo cuidarme de herir sus sentimientos todo el tiempo... Ella no entiende que a veces quiero estar solo..." Hay amores que asfixian.

La desesperada necesidad de aprobación siempre esconde una muy baja autoestima, la cual se intenta compensar mostrando claves de atractibilidad. La aceptación afectiva, para las personas que sustentan este estilo, es cuestión de vida o muerte. Es el aire que los mantiene vivos. Contrariamente a sus vaticinios de éxito, la premisa real parece ser: "Hagas lo que hagas, a la mitad de la gente no le vas a gustar". No queda más que aceptar los hechos.

Como resulta evidente, si el sistema de procesamiento de la información se encuentra impregnado de sentimentalismo, las decisiones no serán muy acertadas. Aunque la "intuición" suele ser útil en algunas circunstancias de la vida diaria, no es aconsejable si se transforma en un estilo frecuente de resolución de problemas. Nadie se prestaría con tranquilidad a una cirugía médica si el doctor comenzara a abrir sin apoyo de radiografías y solamente orientado por su buen "olfato". El estilo "seductor" derrama afecto por los cuatro costados y con la misma intensidad se equivoca.

Romantizar todas las relaciones interpersonales convierte el amor en un frasco de arequipe: hostigante. Sobar, besar, acariciar, suspirar y abanicar las pestañas ante la mínima expresión del otro, es no respetar el amor. Amar no es convertirse en una garrapata afectiva. Como decía un famoso estadista latinoamericano: "Todo a su tiempo y armoniosamente". "Emocionalizar" todos los aspectos de la vida de manera compulsiva, es querer empolvarle la cara a la realidad para que se vea mejor. He conocido muchas personas "sensibles", que por no haber entendido bien el concepto de sensibilidad, se convierten en "diarreicos emocionales".

La idea de cautivar a la otra persona no es mala en sí misma. El papel de exhibicionismo para el apareamiento y la búsqueda de pareja es innegable. Muy posiblemente en los orígenes de la evolución del *homo sapiens,* al igual de lo que ocurre actualmente en algunas especies inferiores, el saber "mercadearse" abiertamente debe de haber sido un atributo mucho más reconocido y admirado que la humildad. Es importante reconocer que la coquetería con el sexo opuesto es imprescindible en las etapas iniciales de seducción. La primera cita suele ser la más "pulcra" de todas. Tapamos los defectos y exaltamos las virtudes. Pero si nos excedemos, el resultado es nefasto. Por ejemplo, si una mujer se contorsiona convulsivamente mientras camina, se adorna con muchos objetos de metal grandes y pesados, recubre su ropa con lentejuelas, su pelo es vaporoso y adopta la posición de vampiresa de los años veinte, posiblemente producirá atracción en algunos hombres, pero también rechazo en cantidad considerable. La insinuación moderada es siempre más excitante que la evidente.

Nuestra cultura ha intentado controlar los impulsos exhibicionistas naturales y acomodarlos en escalas socialmente más soportables que la desvergonzada manifestación primitiva. Sin embargo, pese al supuesto avance en el buen gusto, lo único que hemos logrado es cambiar la manifestación ostentosa de los genitales y el cuerpo, por la pompa de la comodidad, los cosméticos, la ropa y la moda.

Publicitarse uno mismo, con el afán de llamar la atención de otros, es una estrategia de aviso cuyo mensaje implícito reza: "Estoy disponible". Pero darse a conocer no implica disfrazar lo que uno realmente es, exagerando lo bueno y ocultando lo malo. Podríamos decir que hay "pavoneos" dignos e indignos. El garbo más impactante es sin duda el de la sencillez: llevar orgullosamente la propia humanidad, sin pregonarlo. No hay nada más atractivo que una persona tranquila consigo misma. La condición de ser sencillo es quizás la más grande de las virtudes, pero no es cultivable. La sola idea de querer serlo obstaculiza su logro. En cierta ocasión Mafalda retó a Susanita a ser sencilla. Susanita alzó los brazos, dio media vuelta de ballet y luego de una flexión acompañada de un saludo cortesano, le dijo: "¿Así está bien?"

La enorme demanda afectiva y la permanente reconfirmación de saberse amado, termina por destruir cualquier relación. El agotador trabajo de recoger pistas y leer claves, así como tener que entregarlas para estar seguro de que todo marcha bien, desvirtúa la esencia básica del amor. Algunas de las creencias irracionales que subyacen a este estilo son: "Si mi pareja no está bien conmigo todo el tiempo, no me quiere" "Debo hacerme notar permanentemente para que no se olvide de mí" "El amor que siente por mí es muy frágil, si se deja de alimentar, así sea un minuto, desaparecerá" "Merezco que me atiendan, por lo tanto, si no lo hacen, lo exijo" "No me resigno a que me dejen de amar". Como puede observarse, el factor común es el miedo a no obtener el amor en las cantidades indicadas por el vacío afectivo.

En resumen, la característica de este estilo negativo es una inmensa necesidad de sentirse permanentemente amado. El exagerado sentimentalismo los lleva a impregnar de afecto todos los actos de la vida, incluso los más racionales, y a perder objetividad. Es tan fuerte el impulso que genera la emoción por el otro, que la corteza cerebral no alcanza a comprender lo que ocurre: se pierde reflexividad. La capacidad analítica se deteriora y los criterios globales se convierten en la principal forma de razonar: "Por ver el bosque no ven el árbol". Para alcanzar la meta de "amor total, todo el tiempo" magnifican ciertos comportamientos como expresividad, exhibicionismo e impresionismo. Lo paradójico es que estos intentos descontrolados por retener o arrastrar a los otros y evitar el rechazo, los termina alejando. Una sobredosis de amor asusta demasiado, ya que puede ser tan mortal como cualquier droga. El estilo hostigante seductor es la mayor expresión de la adicción afectiva. Su objetivo: saciar una autoestima cada vez más árida y desértica. Así el amor se convierte en un medio reparador y no en un fin en sí mismo.

Ten en cuenta que hay cosas en la vida que no se piden. Nadie tiene el deber de amarnos. Respetar los derechos afectivos de las otras personas es asimilar el riesgo de no ser correspondido. En el amor, más que en cualquier orden de la vida, hay que ser un buen perdedor. El miedo al rechazo inmoviliza, porque te quita la posibilidad de conocer más gente ¿Te has puesto a pensar cuántas oportunidades has desperdiciado por el miedo a no ser aprobado? Una vieja canción de los sesenta decía: "Hay medio mundo con una flor en la mano y la otra mitad del mundo por esa flor esperando". Deja que las personas decidan si van a quererte o no, sin imposiciones, con altura y elegancia. Si te quieres a ti mismo, puedes decirte: "No saben lo que se pierden". En ciertas ocasiones es conveniente dejar que la realidad obre por sí sola y no intervenir. Un amor arrancado a la fuerza o mantenido a regañadientes, es falso. Qué opinarías si alguien dijese: "Mi esposo es fiel...Claro que solamente lo desato para almorzar..." No pueden obligarte a amar, ni tú puedes exigirlo. El amor llega cuando quiere y se va cuando quiere. No temas perder la aprobación. Si te atreves a enfrentar la soledad y la evaluación negativa, verás que en el peor de los casos, no es tan grave. Más aun, hasta se abren puertas que tu inseguridad no había ensayado.

A mis diecisiete años ir a bailar requería no sólo saber llevar el paso rítmicamente, sino ser un valiente con mayúscula. Por alguna razón que aún no alcanzo a comprender, las mujeres se sentaban a un lado de la pista y los hombres al otro. Sacar a bailar a una niña implicaba la osada faena de cruzar el salón bajo las curiosas miradas de los asistentes, acercarse a la elegida y, con cara de yo no fui, decir: "¿Bailas?" Si la fortuna estaba con uno, la niña decía un "sí", se levantaba de la silla y junto con ella el ego personal. Si decía un "no", se debía emprender el regreso por un campo minado de risitas burlonas y de sentido pésame. Bailar era para gallardos. Los comportamientos desplegados para evitar el terrible rechazo en público eran de lo más sofisticados: movimientos leves de cabeza, sonrisas furtivas, estiramientos disimulados del dedo índice, en fin, había que estar muy seguro para no hacer el mayor ridículo de la historia. Dentro de este contexto trágico y socialmente estúpido, había un muchacho llamado César que no parecía sentirse afectado en lo más mínimo por la posibilidad de "dar lora". Media un metro treinta, era descuidado en su forma de vestir, bailaba bastante regular y para colmo, una giba de nacimiento asomaba de su hombro derecho. César era simpático, alegre y muy caballeroso. Para nosotros era un suicida inconsciente. Siempre llegaba tarde y, sin esperar un minuto, comenzaba a sacar a bailar desde la derecha a cada una de las muchachas. Como un bizarro soportaba los "no, gracias" que fueran necesarios, hasta que alguna de ellas aceptaba. César siempre bailaba y la pasaba bien. Su atención estaba orientada al lado positivo del baile. Su actitud mental era el balance costo-beneficio. Solía decir: "De cada diez intentos, una te dice sí". Mis otros amigos y yo, en más de una ocasión, inmovilizados por el terror del rechazo, no pasábamos la línea del alto riesgo; como se dice: comíamos pavo a lo grande. Aunque sólo lo he logrado por momentos, debo reconocer que la sensación de independizarse del que dirán y la aprobación de los demás (pareja incluida), es lo más próximo a la tan apreciada libertad interior. Cuando más necesidades psicológicas destruyas en ti, más cerca sentirás el amor.

El estilo dependiente-débil

La necesidad que motiva este estilo no es la de ser amado, como en el caso anterior, sino la de ser protegido. La clave de su personalidad es "soy débil", "necesito a alguien más fuerte a mi lado en quien confiar". La motivación es buscar una fuente de *attachment* (apego) que los cuide y defienda. Su amor, por lo tanto, es infantil e inmaduro, además de interesado. En su interior creen sinceramente que aman a su pareja, pero en realidad lo que demandan es seguridad. Jamás amarían a una persona más débil, porque lo que pretenden obtener del intercambio afectivo es la fortaleza del guardián.

El objetivo principal de estas personas es mantener la relación a toda costa y bajo cualquier circunstancia para evitar sentirse desvalidos. Pueden aparecer como muy queridas, amables y desinteresadas, o mejor, "con la gran capacidad de entrega". Pero la actitud supuestamente amorosa esconde subordinación y dependencia. Deben adular y cuidar al amo para que no los deje. El apego corrompe, destruye y hace que las personas se humillen. Si bien los dependientes no configuran los comportamientos histriónicos del grupo anterior, porque temen cansar a su pareja, utilizan la adulación sutil y la admiración con el fin de estimular al protector y mantenerlo cerca. De manera similar, valores como la fidelidad, el compañerismo, la expresión de afecto u otras, están contaminadas por el miedo a perder a la persona "amada". Lo que sostiene la relación es el miedo a enfrentar el mundo de manera solitaria.

La respuesta típica ante la posibilidad de ruptura no es la persecución o la agresión física, sino el aislamiento y la depresión. Aunque el rechazo los afecta, lo que realmente les produce desesperación es el abandono.

Ver a la pareja como mucho más competente va generando, con el tiempo, cierta veneración y la convicción esclavista de que el cónyuge es, incuestionablemente, más importante que uno. Algo así como los Alfa, de Huxley. Una especie de estratificación aristocrática comienza a gestarse bajo cuerda. El marido se convierte en rey o, inversamente, "la reina manda en palacio". Es tentador ver un buen amo y no convertirse en esclavo, y es igualmente atractivo ver un buen esclavo y no convertirse en amo. Una de mis pacientes afirmaba con total convicción que el marido era mejor que ella, pero no en algunos atributos, sino en esencia. Es decir, su esposo tenía un mayor valor como ser humano que el de ella: "Me siento orgullosa de que me haya elegido a mí... A su lado he crecido como persona y sin él no sería lo que soy... Le debo todo". Realmente, ¿qué debía agradecer tanto esta mujer a su esposo? Su vida se limitaba a atenderlo y "adorarlo" como perteneciente a una casta superior. Todo lo tenía que consultar y si él no estaba presente, se postergaba cualquier decisión. Todos los privilegios, como consecuencia del supuesto origen casi divino, eran para él. Cuando intenté insinuarle a la señora que su valía como persona era tan buena como la de su marido, y como la de cualquier otro ser vivo, se sintió ofendida. Ella no comprendía por qué las otras personas no veían "lo especial de su esposo". De más está decir que el señor, siendo una buena persona, estaba lejos de volar y tener superpoderes. A la novena cita la señora manifestó su desconcierto ante mi poca consideración con su marido. Interpretó mi actitud como arrogante y buscó otro terapeuta. El lavado cerebral no solamente existe en las sectas fanáticas, sino en casa.

Si te encuentras alguna vez diciendo cosas como: "Te necesito", "sin ti no soy nada" o "sin ti mi vida no tiene sentido", empieza a preocuparte. Y si tu pareja te lo dice, preocúpate aun más. Hacerse cargo de otra persona, aunque pueda ser estimulante al inicio de una relación, es limitante y peligroso. Puedes llegar a creerte demasiado "especial" sin serlo. Cierta vez, un buen amigo me hizo saber que al fin había encontrado a una mujer que lo amaba de verdad: "Sandra me llama todo el día... Dice que le hago mucha falta, que no ve la hora de estar juntos para siempre y que soy lo más importante de su vida... Dice que me necesita y me quiere con locura... ¡Hasta sueña conmigo casi todas las noches! Esto nunca me había pasado antes... ¿Qué opinas?" Luego de una pausa incómoda le contesté: "Dile que busque ayuda".

Las personas dependiente actúan como si su pareja fuera la única opción del universo. Pero la verdadera razón es que buscar otro cuidador llevaría tiempo, y mientras tanto se quedarían solos. La seguridad de no "quedarse en el aire", sin señales de apoyo, les impide ir más allá de lo inmediato. De ahí que sean personas fieles, pero no por convicción, sino por temor. Cuando una persona que ostenta el estilo dependiente-frágil provoca o acepta tranquilamente una separación matrimonial, probablemente ya tenga sustituto.

El sentirse solo y débil para enfrentar el mundo, de un modo u otro, altera negativamente la relación afectiva. Es supremamente difícil, si no imposible, mantener el amor interpersonal alejado de esta mala influencia, si la hubiera. Con el tiempo, la relación protector-protegido va solidificándose, la tendencia a depender va adquiriendo una configuración patológica y la bien intencionada actitud protectora se convierte en un vicio. A más sobreprotección, menos independencia y exploración. En otras palabras, el estilo dependiente produce un afecto de contagio invertido en la pareja. Cuanto más adhesiva y necesitada de ayuda sea una parte, más autosuficiente se torna la otra. Una retroalimentación homeostática se hace evidente: cuando el sujeto dependiente corre y se inclina ante su fuente de seguridad, automáticamente la otra mitad queda por encima.

Revisa si tu amor está contaminado por la necesidad de protección. El sentimiento sincero y sano no persigue seguridad: no busca nada. Surge por sí solo y se manifiesta al margen de nuestras debilidades o fortalezas. Si lo que deseas de tu pareja es un "guardaespaldas afectivo", tu amor está viciado. Si te sientes débil, comunícalo, sal a pelear, atrévete a tratar de ser sincero contigo mismo. Necesitar no es amar. Tú necesitas la luz, pero no amas la energía eléctrica. Necesitamos muchas cosas, pero eso no significa que las amemos. Hay que ser muy valiente para destapar nuestro interior y ver descarnadamente qué sentimos por la pareja y la humanidad, qué tan utilitaristas somos y qué tan puro es el amor que profesamos a boca llena. Para amar sin miedo a quedarte solo, debes revisar por qué te sientes desvalido. Si quieres amar de verdad y desinteresadamente, debes comenzar por afrontar el deprimente miedo al abandono. Tu pareja puede ayudarte, si realmente te ama. No hablo del patrocinio obsecuente, sino de la colaboración sana. Si posees este estilo, muy probablemente no has hecho el esfuerzo de ver hasta dónde puedes llegar sin apoyos. Es muy harto seguir toda la vida disimulando los miedos, engañando y engañándote. Si despertaras a tus capacidades reales, te sorprenderías de lo que eres capaz. Date la oportunidad de transitar sin muletas. Suelta la mano que te sostiene y descubre si tus miedos son reales o no. Cuando decidas ser independiente y dejar que tu verdadera fuerza aflore, verás que un sentido de igualdad comienza a surgir y con él un amor tranquilo e íntegro. No eres débil, sólo te convencerás cuando lo intentes.

El estilo contralor-obsesivo

Los que ostentan este estilo hacen del amor un problema de "planeación estratégica". Para estas personas el control, la organización y la sistematización son vitales. Se ven a sí mismas como responsables de que la pareja funcione, pero no solamente por la incapacidad ajena, sino porque al mantener bajo control la situación, no hay posibilidades de desarreglos. "Si pienso por el otro, no hay riesgos". A diferencia del sentido de "propiedad privada" esgrimido por el narcisista, al cual me referiré más adelante, aquí el sentido de posesión está asentado, no en la idea de superioridad, sino en la inseguridad y en un estilo de vida donde los "debería" y el orden son un valor en sí mismos. Aunque no es difícil hallar este estilo de vida en sujetos masculinos, en lo que a afecto de pareja se refiere, las mujeres parecen ser más propensas a él.

Recientemente, en un paseo campestre, observé cómo un reconocido hombre de negocios (dependiente disimulado) le preguntaba a su señora (controladora sutil) absolutamente todo lo que iba a hacer. Los "vía libre" que él buscaba en su esposa no estaban sustentados por la necesidad de amor, ni por la fragilidad del dependiente, sino por la costumbre ya establecida de que ella verificara y fiscalizara todo el accionar familiar. La cosa comenzó con la elección de donde se iban a sentar. Él eligió el kiosco (ella asintió satisfecha con una inclinación de cabeza). Luego decidió tomar aguardiente (ella asintió satisfecha con una inclinación de cabeza). Más tarde se cuestionó a sí mismo en voz alta la posibilidad de servirse salsa rosada (ella asentó satisfecha con una inclinación de cabeza); "¿Te parece bien una o dos carnes?" (ella, señalando lo abultado del abdomen, le escogió el tamaño adecuado y, como para no variar, asintió satisfecha con una inclinación de cabeza). Un amigo le dijo que fueran a caminar por la finca, él la miró y ella asintió con una inclinación de cabeza. Toda la tarde la señora fue visando los comportamientos de su "amaestrado" esposo. En apariencia, él llevaba la rienda, pero no era así. Ella, inteligentemente, hacía todo lo posible para mostrar que era su esposo el que realmente mandaba. Cuando a las ocho de la noche él sugirió muy diplomáticamente quedarse un rato más, ella no inclinó la cabeza. Se despidieron y se fueron. No estoy pregonando la indiferencia por las necesidades del otro ni la descortesía, pero debemos aceptar que el amor tipo "siamés encadenado" no es muy halagüeño. Hay cosas que no debemos consultar, simplemente porque somos adultos.

Las personas obsesivas-controladoras necesitan la predicción total de los acontecimientos y la certidumbre de que todo se está realizando adecuadamente, afecto incluido. Hacer el amor con ellas puede resultar extenuante, pero no por el desenfreno placentero de la lujuria amorosa, sino por los prerrequisitos a llenar: niños acostados, luz apagada, aseo "total", no comenzar directamente por las zonas erógenas, veinte interrupciones por ruidos extraños, y una enorme paciencia para que la aséptica aproximación corporal se parezca lo más posible a una relación sexual normal.

Lo que comienza como una sana y simpática manera de dejarse contemplar, puede terminar como la peor y más desagradable manera de encarcelamiento. El ser humano, tal como decía Konrad Lorenz, con el desarrollo de la civilización industrializada se ha vuelto mucho más cómodo e indolente que en la prehistoria. Es muy fácil caer en el vicio de "dejarse llevar". «Me compran la ropa, deciden mi alimentación, me acostumbro a verificar y a pedir "vistos buenos" para saber si me alejo de lo que la "media naranja" espera que yo haga. Y así, sin darme cuenta, voy convirtiéndome en un esclavo feliz».

Uno de mis pacientes tenía terminantemente prohibido entrar a su propia alcoba con zapatos (la mujer no era oriental), comer en la habitación y abrir la nevera sin "permiso" (todo había que hacerlo por intermedio de las muchachas). Una señora joven se quejaba porque su esposo al llegar del trabajo, cuando se dirigía hacía la alcoba, iba deslizando el dedo por todos los muebles, rendijas y respaldares que encontraba a su paso, para luego, con una sonrisa de "te pillé", y mostrando el sucio dedo, decir: "Mira mi reinita". Un muy amigo mío, para poder ir a pescar el fin de semana con su barra de pescadores, hombres todos, debía planear dos meses antes cómo le iba a decir a su esposa para que lo "dejara ir". El argumento básico que esgrimía la indignada mujer, el cual había que rebatir cada vez, era: "¿Y yo por qué no puedo ir?". El profundo debate sobre la libertad fundamental de ir a pescar duraba alrededor de dos semanas, con "pucheros", moños y "castigos sexuales". En realidad, él no era capaz de ejercer el derecho a su propia recreación (dicho sea de paso, totalmente inocente y sana). La mujer a la larga siempre accedía, le empacaba todo lo necesario, incluida una lista de consejos sobre el buen comportamiento a seguir. Mi amigo tiene 48 años.

Es supremamente difícil convivir con una persona obsesivo-controladora. En primer lugar, no soportan los errores, los defectos, la desorganización y la pérdida del control. "Las cosas tienen una manera correcta de hacerse, y así se deben hacer". Como los "debería" invaden su vida por todas partes, se mantienen vigilantes, evaluando qué cosa se sale de lo esperado para colocarlo en su sitio. Compulsivamente recogen datos e información de su microentorno tratando de no descuidar el mínimo detalle. Pero en la gran mayoría de los casos, "por ver el árbol, no ven el bosque". La pareja, como parte de su ambiente, también debe estar dentro de ciertos límites y cumpliendo las ordenanzas de lo adecuado. Cuando los hechos ocurren de acuerdo a lo esperado, son personas supremamente alegres, queridas y dedicadas, pero cuando no se cumplen sus expectativas, se transforman. El tener que estar alerta todo el tiempo los vuelve muy racionales, poco espontáneos y demasiado "mentales". Su vida se va llenando de complicaciones y deberes. Van generando reglas, normas y patrones para obtener el máximo control posible. Como se desprende de lo dicho hasta aquí, suelen ser muy poco tolerantes frente a las iniciativas independientes de su pareja. Con el ejercicio de estos valores, la posesión no demora en manifestarse y con ellas la actitud de educadores: "Así no se hace, mi amor". Su capacidad atencional se orienta a eliminar las excepciones a la regla, para así convertirla en fuerza de ley.

En apariencia, los comportamientos que configuran este estilo podría aparecer como "maternalistas" o " paternalistas". Sin embargo, lo que realmente mueve a los obsesivos-controladores no es el amor desinteresado, sino el miedo a perder al otro. Cuando esta personas descubren que no son correspondidas en el amor como ellas lo desean, el resentimiento y el odio aparecen de un modo inusitado, pero como el odio siempre se devuelve con más fuerza, terminan enfermándose. El odio golpea y el resentimiento carcome. No hay escape: el mal se revierte.

Ejercer control afectivo, con el fin de verificar que todo está bien, es no confiar en la pareja. "Si la dejo sola estará corriendo riesgos, porque ella es muy frágil, débil, sugestionable, impresionable, insegura", y cosas por el estilo. Si necesito pensar por mi pareja para estar tranquilo, fallo en el principal precepto del amor: el respeto. ¿Pueden coexistir el amor y la subestimación? El amor requiere libertad, más aun, el amor es libertad. La convivencia bajo el orden ansioso de la inseguridad es definitivamente limitante. Yo agregaría, degradante.

Controlar a tu pareja, pensar por ella, asistirla permanentemente como si se tratara de una inválida, supervisar sus iniciativas, exigir explicaciones sobre por qué siente de determinada manera, es no respetar a la persona que amas. No puedes pretender superponerte totalmente a su vida y apropiarte de su cerebro para que esté siempre a tu lado. Confórmate con su cuerpo. Las normas demasiado rígidas generan miedo y cierta actitud de acatamiento, pero eso no es comprensión. Pienso que una de las palabras más desagradables es OBLIGACIÓN, porque nada es más contrario a la libertad que estar "obligado". Si profesas este estilo, comienza a cultivar un poco, sólo un poco, la incompetencia. Ser ineficiente de vez en cuando produce una sensación sana de rebeldía. Pregúntate, ¿qué ocurriría si te animarás a soltar las riendas?, ¿no sería más relajante correr el riesgo simpático del desorden?, ¿cuánto hace que no te descomplicas y dejas que las cosas sigan su curso natural? El amor controlado es el contrasentido más grande, no existe. Comienza por aprender a delegar y confiar en tu pareja. Deja que ella sea libre y ejerza el derecho de equivocarse. Más aun, ¡equivócate! Nunca hay una sola respuesta correcta. Con seguridad tu compañero o compañera dejará de verte como un sargento alemán. Ya no inclines la cabeza dando "vistos buenos", ni pases el dedo por la mugre. La vida tiene cosas más importantes que la asfixiante "virtud" del orden. No te hagas falsas ilusiones. El amor nunca se deja enredar en la red del control. Puedes engañarte y creer que atrapaste el sentimiento en los cánones de tus estrictas reglas, pero esa seguridad artificial no perdurará por mucho tiempo. Ya no encasilles la vida. Acepta que tu pareja necesita espacio para respirar y moverse a su libre albedrío. Después de todo, y aunque te cueste creerlo, las personas tienen derecho a elegir.

El estilo sumiso

Esta manera de amar podría considerarse una variación del estilo dependiente-frágil, pero un rasgo fundamental lo diferencia: en el caso de la sumisión, la persona no se somete por miedo a quedarse sola, sino por convicción. En la escala de valores, la idea del ejercicio del derecho está ausente. Los derechos del otro son más importantes que los propios. El amor se subordina, porque así debe ser.

Los sujetos sumisos sienten que sobre ellos pesa la responsabilidad de la pareja. No expresan desacuerdos, no dicen "no", no se oponen y por ninguna razón defienden los derechos básicos. Son extremadamente conciliadores y negocian con cualquier cosa para que "la paz sea con nosotros". La consecuencia es la postergación y almacenamiento de situaciones cada vez más complicadas. Todo sea por la coexistencia pacífica. Con el transcurrir de los años, los "problemitas" se convierten en verdaderos "linfomas" afectivos.

Los principios no son negociables, pero para estas personas nada es vital, y por lo tanto, todo puede transarse en última instancia. De ahí que no demanden ni exijan retribuciones por "daños y perjuicios". Aunque nuestra cultura haga una valoración especial a este tipo de personas con el antiguo argumento del buen samaritano, la actitud de entrega del sumiso no deja de ser una forma corrupta de amor. El amor no puede existir sin autorrespeto.

El estilo sumiso es el típico patrón afectivo de las abuelitas. Es sentir orgullo de no tener un "yo" y realizarse en la faena de satisfacer a todos los miembros de la familia. Es capitular frente a uno mismo para obtener el beneficio de ser "bueno". Es la resignación "valerosa" al dolor y la culpa.

Aunque la culpa es muy molesta, para muchas personas es una manera de limpiar la conciencia. La culpabilidad sobreviene como consecuencia de un juicio valorativo negativo frente al propio comportamiento. Sin embargo, este nefasto sentimiento ofrece un beneficio sutil muy pocas veces analizado por los psicólogos. "Si me siento culpable, soy moralmente apto", es decir: "Si al hacer algo indebido no siento culpa, soy malo" ¡Bienvenida la culpabilidad! Para los sujetos muy moralistas, la culpa es un evento de expiación y limpieza. Sería muy sospechoso que una persona de bien no se sintiera culpable cuando actúa contra la corriente de opinión. Así absurdamente, vamos aprendiendo a sentirnos bien cuando nos sentimos mal. El sufrimiento como una meta deseable y aconsejable.

Tal como he dicho, el estilo sumiso se fundamenta en un problema de conceptualización frente a los derechos asertivos. Estas personas confunden la defensa de los derechos con agresión. Por evitar excederse, se reprimen. Para ellos, negarse es ser grosero. A una de mis pacientes sumisas le pregunté por qué tenía tantas llaves en su llavero. Ella se sonrojó y evitando mirarme, dijo: "Es que les riego las matas a casi todas las señoras del edificio... Como soy la única que no trabaja... Ellas me tienen mucha confianza, por eso me dejan las llaves..." Cuando le pregunté si le gustaba hacerlo, ya que se demoraba casi una mañana completa en la tarea, levantó los hombros como diciendo: "No importa". Cuando insistí me dijo que no le gustaba, pero que uno debía colaborar con los vecinos. Le expliqué que una cosa es ayudar y otra asumir la responsabilidad de las plantas del edificio sin querer hacerlo. Le reafirmé: "Tienes el derecho a negarte. Más aun, tienes el derecho a decidir a quien ayudar y a quien no... No eres una sociedad de beneficencia ambulante... Ser amable y cortés no es fomentar la manipulación". Cuando decidió hacer valer sus derechos, muchas de las aprovechadas vecinas se ofendieron y le quitaron el saludo. Así es, las copropietarias pensaron que mi paciente tenía el "deber" de regarles las matas. Si no fuera así, hubieran entendido el reclamo como natural y justo.

Cuando el estilo de sumisión es llevado a la vida afectiva, las consecuencias no suelen ser prósperas. Al principio la subordinación produce placer en el receptor, pero con el tiempo la persona sumisa produce fastidio y rechazo. La subyugación, en cualquiera de sus manifestaciones, no genera respeto, sino pesar. Nadie admira a un esclavo, a lo sumo se lo aprecia un poco, cuando se está de buen humor.

El estilo sumiso caracterizó una generación altamente reprimida y temerosa de expresar las emociones. El poder económico, religioso y político ejer-

cido por los hombres insaturó la abnegación como un valor sagrado, digno de ser
ejercido, claro está, por las mujeres. Aunque existen hombres sumisos éstos, congruente con el lavado cerebral de siglos,
son mal vistos por el sexo femenino. Hay
un "olor" a homosexualidad latente en
todo hombre que no haga alarde de su
fuerza. Y hay un aroma perfumado de
nobleza en toda mujer que haga alarde
de su fragilidad. Absoluta y categóricamente grotesco. Es muy difícil congraciar
con tamaño adefesio.

La reciprocidad es la base so-
bre la cual se edifica el amor equilibrado.
Nadie te está sugiriendo que seas codi-
cioso y hambriento en la relación con tu
pareja. Lo que se argumenta aquí es el
respeto por uno mismo y el trato iguali-
tario. Si disfrutas solamente dando afecto, debes revisar tu autoestima. Tu capacidad de amar está coja. Piensa ¿cómo te
sentirías si tu pareja no disfrutara recibiendo afecto? Uno de los aspectos más
excitantes del amor es sentir el poder de
influir sobre el otro y hacerlo feliz. Cuan-

do sientes a tu pareja estremecerse en tus brazos, ¿eso no te gratifica? Pues de manera similar, la otra parte espera de ti que disfrutes recibiendo afecto.

La cultura te ha hecho creer que eres un ser excepcional porque puedes prescindir de recibir amor. Si te has creído el cuento, no sólo eres ingenuo sino también un ser efectivamente incompleto. La continencia amorosa es la más anacrónica de las represiones ¡Tú eres tan importante como cualquier humano y tienes el derecho a que el amor te perfore por los cuatro costados! La sumisión niega el amor porque no lo deja fluir, lo aniquila traicioneramente en nombre de la entrega total. Si te niegas el placer de recibir dignamente amor, te condenas al oscuro mundo del estoicismo.

Por definición, el amor no es sacrificio, sino regocijo y alegría compartida. La sumisión es una forma encubierta de violencia que lastima, hiere y destruye la libre expresión de afecto. Aunque te parezca disonante, si le hechas cabeza, descubrirás que el sacrificio interpersonal en extremo puede ser visto como desinterés. Una persona sumisa es ofensiva porque se niega a recibir. He conocido personas altruistas, todo entrega y generosidad del alma, absolutamente frías e insensibles frente a la posibilidad de recibir abiertamente el amor ajeno. Es tan malo no saber entregarse como no saber recibir afecto ¿A veces no es mejor el egoísmo ardiente y apasionado del receptor furibundo, al renunciamiento helado de quien no necesita más que dar? ¿Prefieres una pareja que no piense en ella misma por hacerte feliz, o te inclinas más por una persona que además se "derrita" por recibirte? Como he dicho reiteradamente en otros escritos, el amor comienza por casa. El amor sano no conviene con la autodestrucción, porque su principal manifestación es la vida.

El estilo "no soy querible"

Groucho Marx decía: "Jamás asistiría a un club donde me acepten como socio". A uno de mis paciente que se consideraba a sí mismo como indeseable, le resultaba "sospechosa" cualquier mujer que le mostrara interés: "No nos engañemos doctor, si una mujer se fija en mí algo malo debe de tener... O al menos no creo que sea muy inteligente".

Las personas que se consideran inherentemente no deseables y poco valiosas, evitan estar con otros porque temen decepcionar al interlocutor. Su gran territorialidad es para no ser descubiertos: "Si alguien se aproxima a mí verá que no soy valioso y me rechazará, por lo tanto es más seguro mantenerme alejado de la gente".

Avergonzarse de uno mismo es la forma más triste y humillante de autodesprecio. Es imposible dar o recibir afecto si sentimos pesar por nosotros mismos y ponemos en duda la propia valía personal ¿Qué intercambio afectivo puedo ofrecer si pienso que soy un fraude? Además, irremediablemente, no puedo prescindir de mí, debo soportarme todo el tiempo y convivir conmigo, me guste o no. ¡No puedo escapar de mí mismo! Los sujetos que se perciben como poco queribles ven su problema como irreversible, como un mal genético irreparable. No hay cirugía, ni píldoras, ni antibióticos que arreglen el supuestamente espantoso y horrible mundo interior del que forman parte. Eso sí, pueden usar máscaras, esconderse y pasar desapercibidos.

Pero, por más que corran, los que se consideran "poco amables" siempre llevan sobre sus hombros la agobiante tarea de tener que hacerse cargo de alguien a quien no aman: su propia persona. "Si a duras penas me soporto yo, ¿qué puedo esperar de otra persona?" Piensan que el amor les es vedado, porque no son merecedores. Cuando alguna persona se muestra interesada por ellos, les produce pavor y despliegan un gran repertorio de comportamientos defensivos para no ser reconocidos. Juegan el papel que menos le gusta al ingenuo interlocutor. Pueden mostrarse agresivos, estúpidos , pedantes o fríos. Cualquier cosa, con tal de alejar al intruso de la periferia del territorio afectivo. Desnudarse psicológicamente es para estas personas la peor tortura, porque piensan que interiormente son repulsivos y desagradables.

La creencia de "soy un asco", no debe manifestarse siempre de manera evidente. Por lo general aparece de una forma sutil y no muy consciente para el sujeto. Muchos "ermitaños" sociales, en realidad, escapan al rechazo por anticipado. Una cantidad considerable de estas personas solitarias sufren del terrible mal del autorrechazo. Cuando logran conseguir pareja se produce un efecto tranquilizador. La mampara del matrimonio o de una relación establecida impide la libre aproximación afectiva de personas del sexo opuesto, o al menos la disminuye substancialmente. La amenaza de que aflore esa personalidad indigna queda controlada. De este modo, las relaciones estables pueden servir de escampadero y no como factor de crecimiento afectivo. El vínculo de amor que aparentemente sostiene la pareja está desvirtuado y al servicio de un interés enfermo: agazaparse del mundo.

El hecho de no sentirse amables

les impide recibir las expresiones de afecto de manera natural y placentera. Por el contrario, las manifestaciones de amor son supremamente incómodas y aversivas. Son vistas como dádivas o como incapacidad del dador para ver la triste realidad de su malformada humanidad. De manera similar, entregar amor sería una verdadera desfachatez, algo indebido, un acto de mal gusto. Como si una gorda de doscientos kilos usara bikini, ofendiendo la estética de los observadores. No creen poseer el derecho a la entrega, porque lo que tienen para dar no es bueno: "No debo ofender al otro mostrándome". Podríamos llamar a este complejo de fealdad interior, el síndrome de un Ricardo III en decadencia.

En estos casos, el conflicto afectivo adquiere proporciones psicológicas catastróficas. Uno de mis pacientes con el síndrome evitativo de "no soy querible" lo describía así: "Solamente me gustan las mujeres que no se interesan por mí. Las que lo hacen me producen fastidio... Lo que más me atrae de una mujer es que me rechace..." Un análisis más detallado del dilema vislumbra un serio problema de autoestima. Aunque a muchas personas les agrada que les "den palo", ya que los retos ejercen una cierta emoción y encanto psicopático, no es el caso de mi paciente. La clave del conflicto y su consecuente inmovilización podría explicarse de esta manera: si alguna mujer se interesara en él, estaría mostrando un comportamiento poco inteligente, ya que él, como ser humano, no vale la pena. Por lo tanto, esa mujer es descartable. La generalización fundamental queda establecida: "No me interesan las que se interesan por mí". Pero la consecuencia nefasta de esta manera inadecuada de pensar es peor aun: "Las que valen la pena son aquellas mujeres que, inteligente y sagazmente, alcanzan a vislumbrar que hay algo malo en mí: esas sí me interesan de verdad". Una predestinación afectiva sin escape. "Cuanto más me amen, menos las amo. "Cuanto más me rechacen, más apetezco de ellas". La máxima expresión del desencanto y la desesperanza. El terrible círculo de la autodestrucción. Como en las arenas movedizas, cuanto más intenta salir la víctima, más se hunde.

La utilización de este estilo genera frente a la pareja una mezcla entre gratitud y menosprecio. "Gracias por soportarme". Y la proyección ineludible: "Eres igual que yo de indeseable". Una comunidad infecto-contagiosa de dos, y para colmo, en cuarentena.

La valía personal nunca está en juego. Todo ser humano es querible por naturaleza. Por el sólo hecho de estar vivo eres digno de ser admirado. Además, la gente no piensa de ti lo que tú piensas de ti mismo: con seguridad son más benévolos. La experiencia me ha enseñado que siempre hay alguien dispuesto a aceptarnos y a querernos, no por incapacidad, sino porque alcanzan a ver cosas que han pasado inadvertidas por la propia autocrítica despiadada. Debes aprender a convivir con tu propia persona, ella es un privilegio. Discúlpate con tu yo, perdónate, contémplate y date otra oportunidad. Eso sí, de frente y sin escapar a la posibilidad del rechazo. Una vez más, exhíbete como eres. Si me otorgas el beneficio de la duda, quizás puedas descubrir que no eres tan horrible como crees. Considerando lo que hay un juego, ¿no vale la pena intentarlo? No te escondas, di en voz alta: "Soy así". Lo que para alguien es interesante, para otros no lo es. Si el club te acepta como socio, debe de ser un buen club.

El estilo cómodo o "no soporto sufrir"

Muchos de los comportamientos que esgrimen los enamorados son vistos por la cultura como actos heroicos y valientes. La temeridad de las personas que siente amor ha sido digna de elogios a través de todas las épocas y modelo de altruismo para los jóvenes (debo reconocer que me he preguntado en más de una ocasión si el suicidio de Julieta es en realidad un buen ejemplo). Se dice que si un enamorado teme, no hay amor en su corazón. La osadía y la bravura son valores que el amor entrega sin condición. Es la energía vital de la cual el acto de amar se nutre. La entrega valerosa que produce el amor es fuente de placer y satisfacción, tanto para el dador como para el receptor.

Mi experiencia me ha enseñado que esto no es tan así como se quiere pintar. El miedo parece inhibir el amor con más frecuencia de la que se cree. Más aun existe un estilo afectivo donde la característica principal es el miedo a amar. Para estos sujetos la posibilidad de enamorarse es el anticipo de una experiencia aversiva, agobiante e insoportable, de la cual hay que escapar a toda costa. Evitar el amor, cuando se empieza a sentir, es un acto claro de cobardía que no hace honor a su fama, pero un acto de salvaguardia para las personas débiles.

Una forma enmascarada de temor, pero muy común, es en el que se sustentan las personas cómodas. La comodidad, para muchos, es tan fuerte como el amor y suele ser una de las causas principales de flaqueza y abandono. "Te quiero, pero siempre y cuando no haya muchos sacrificios que hacer". Un paciente, sumamente desconcertado por la conducta de su amante, me decía: "Ella dice que me ama con todo su corazón. Que no soporta a su marido ni hace el amor con él... En estos tres años jura que me ha sido fiel... Dice que me ama, pero que no es capaz de enfrentar el qué dirán, además que el esposo la dejaría sin un peso... Afirma que me quiere, pero cuando la presiono para que deje todo por mí, se asusta... No sé qué pensar... A veces dudo de que me ame de verdad... Yo siempre había pensado que el amor no mira consecuencias".

¿Qué es lo que hace que una mujer (o un hombre) permanezca anclada a una relación de pareja absolutamente insatisfactoria y aburrida? ¿Por qué se prefiere la convivencia desestimulante de vivir sin amor, teniendo la oportunidad de construir una nueva opción de vida más gratificante y halagadora con una persona que se dice amar de verdad? En mis consultas he llegado a la conclusión de que la respuesta a estos interrogantes, en un gran número de casos, no está determinada por la moral, los valores, la convicción religiosa, los hijos, lo económico y el deber, sino simple y llanamente por la comodidad. El mal del siglo veinte en su máxima expresión. Como dijo alguien: "La ley del mínimo esfuerzo es válida hasta para Dios". A mi buen entender, la indolencia afectiva, o la resignación amorosa con beneficio de inventario, es una manera disimulada de prostitución obviamente menos descarada y más aceptada socialmente, pero más denigrante y deshonesta que la tradicional. Los "cómodos" se venden al mejor postor, aunque en el intercambio deban dejar por el camino "el amor de su vida" y la dignidad. Definitivamente es cierto: la necesidad tiene cara de perro. Y vamos reemplazando el revuelo alucinante de la pasión y el deseo, por la mansa e impasible costumbre; y la fuerza vital de la motivación, por la fría y constipada "obligación" ¿Habrá una forma más cruel de suicidarse?

Todo hace pensar que la incapacidad de renunciación por mantener los privilegios, es otra forma de cobardía: "Te amo... Pero si el costo es la privación de ciertos beneficios, lo siento mucho" Este amor es indeciso, incompleto, dudoso. En otra versión: "No te amo, ni te quiero, ni te deseo, pero no estoy dispuesto a perder las ventajas de vivir contigo". Éste es un desamor soportado en la conveniencia, quizás la forma socialmente más aceptada de comodidad.

Sin caer en el obsecuente sacrificio irracional del siervo afectivo, debemos reconocer que en el amor no se puede tener siempre "la chancha y los veinte chanchitos". El amor, dejando a un lado cualquier romanticismo, necesita siempre una dosis de arrojo y osadía. No se necesita la solidaridad total con mayúsculas, sino sólo el condimento de una pizca, aunque sea una, de entrega. Un amor sin agallas, es como un Mercedes últimos modelo sin gasolina: no funciona.

De todas maneras, como dije anteriormente, existe la posibilidad de que la valentía no solamente sea consecuencia del amor, sino un requisito: el amor no es para gallinas. Las personas débiles, inseguras y con baja tolerancia al dolor, pueden mirar el amor con cierto temor y recelo. Atractivo, pero potencialmente doloroso.

Hay dos variedades del estilo "no quiero sufrir". La primera está relacionada con personas que han experimentado fracasos afectivos y/o relaciones dolorosas, y a partir de las cuales se ha formado un núcleo de hipersensibilidad y la consecuente evitación: "No me vuelvo a enamorar. Cada vez que lo hago termino sufriendo". El miedo a repetir la experiencia traumática (v.g. rechazo, engaño, pérdida), les priva de establecer nuevos vínculos. Es preferible la soledad, aburrida pero soportable, a la angustia y el desgaste de anticipar las consecuencias negativas de una mala relación. Estas personas pueden desarrollarse adecuadamente en las demás áreas e incluso mostrarse valientes en afrontar problemas de otra índole. Pueden ser exitosas en deportes, trabajo o estudio. Sin embargo, en el terreno afectivo hacen alarde de la más impresionante cobardía e inseguridad. Su talón de Aquiles es lo afectivo. Sus relaciones interpersonales suelen ser adecuadas y aceptables, siempre y cuando no hayan intenciones de "algo más". La soledad que esgrimen no es producto de una elección voluntaria por placer, sino un mecanismo de defensa para escapar al disgusto del amor: "amorofobia".

La segunda es mucho más compleja y no está circunscrita al área afectiva, sino que es reflejo de un problema más general. Son las personas que han adquirido el vicio terrible de evitar los problemas de vivir. Es el estilo inconfundible de los hijos de papi (o mami) que jamás han hecho ningún esfuerzo para lograr nada en la vida. Sus padres pensaron por ellos, adecuaron un ambiente descansado, ventajoso y fácil, para que pudieran subsistir sin traumatismos y tranquilamente. Mal cálculo. La sobreprotección degenera en facilismo. Un señor ya entrado en años me comentaba a raíz del problema de alcoholismo crónico de su hijo: "No me explico doctor, uno se mata toda la vida por los hijos y vea qué desastre... Tres matrimonios... Mal trabajador... ¿Qué hice mal?" Jamás hubo preocupación por lo vital, a excepción de meditar el ocio adecuadamente. Una educación holgazana, donde las "roscas" podían más que la tenacidad y la perseverancia, fue el mejor ejemplo para el parasitarismo. Pero afortunadamente, en el amor, las recomendaciones y los padrinazgos no parecen ejercer demasiada influencia. No hay suplentes, reemplazos o servidumbre que haga nuestro trabajo. *La dolce vita,* muchas veces impide vivir, porque insensibiliza. Estas personas sólo aceptan aquellas parejas que logren reemplazar la alcahuetería de los padres. La típica relación de una reina de belleza, infantil, caprichosa y no muy profunda, con un hombre muy mayor, adinerado, cuya función es engalanar a la niña. En una versión más ambiciosa, Onassis vs. Jacqueline. La personalidad inmadura-evitativa genera un estilo de baja tolerancia al "trabajo" y al "esfuerzo", porque producen fatiga, incomodidad y, obviamente, sufrimiento. No han configurado el "callo" de quien se ha entrenado en las lides del vivir. El amor es un problema que requiere afrontamiento e inversión de recursos. El afecto compartido es entrega y, por lo tanto, siempre implica algo de perturbación y molestia. No hay lugar para las pataletas. El berrinche típico es: "Si las cosas no son como a mí me gustaría que fueran, me da rabia... No me gusta y punto". Un amor inmaduro es el egocentrismo del niño en el cuerpo de un adulto. Una deformidad atroz, muy fastidiosa y difícil de manejar.

En conclusión, la territorialidad ampliada que sirve de acuartelamiento a los "no quiero sufrir" está asentada, encubierta o descaradamente, en el miedo a sentir lo desagradable del amor. A su vez, este temor puede estar causado por experiencias traumáticas del pasado o por un estilo educativo de evitar lo difícil, que configura un cuadro de debilidad e inercia frente a los problemas. Si bien es cierto que el amor duele, renunciar a él para evitar la posibilidad de sufrimiento es negarse a uno mismo la posibilidad de vivir. Es dejar que la pereza prospere. Ningún pasado justifica alejarnos de la posibilidad de crecer en el amor. La tolerancia al dolor sólo se logra con perseverancia. El miedo a sufrir, como cualquier otro temor, sólo se vence enfrentándolo. Dos fórmulas no aptas para cardiacos.

El estilo prevenido-desconfiado

Las experiencias afectivas negativas del pasado como abuso, traición, y decepción, pueden conducir a un modo de ser donde la desconfianza es la clave. El territorio se incrementa en progresión geométrica y se instalan todo tipo de radares y antenas detectoras de comportamientos traicioneros. Lo determinante para estas personas es estar hipervigilantes a cualquier señal de abuso o engaño para prevenirlo, defenderse o, si es del caso, atacar.

La desconfianza, en dosis razonables, es innata en el ser humano. Uno de los primeros temores del niño pequeño es ante personas extrañas o desconocidas. De hecho, tal suspicacia es adaptativa porque impide obrar impulsivamente cuando no se posee suficiente información: la desconfianza frena. Lo desconocido siempre genera sospecha, los desconocidos también. Pienso que muy posiblemente el recelo a personas extrañas debe de haber tenido un gran valor adaptativo en la prehistoria, al unificar y aglutinar a miembros de una misma tribu. Además había que defender los espacios y los recursos básicos para la subsistencia.

La desconfianza, intrínsecamente, es importante para sobrevivir en un mundo de depredadores de la misma especie. Pero si se exagera, se convierte en paranoia o delirio de persecución. Cuando esto ocurre, los detectores de peligro escapan de control y todo, absolutamente todo, es amenazan para la supervivencia personal. Una de mis pacientes había desarrollado un síndrome de delirio persecutorio cuando descubrió que su marido tenía otra mujer. Según ella, los vecinos la espiaban desde los balcones aledaños, la filmaban desde el interruptor de la luz, le habían interceptado el teléfono, y así. Considerando el carácter dramático y profundamente conmovedor que caracteriza este trastorno psicológico, no es de extrañar su aparición en el mundo del arte. Por ejemplo, la obra de Ernesto Sábato, *Sobre Héroes y Tumbas* en el apartado de "Informe para Ciegos", retrata fiel y magistralmente el alucinante mundo de una crisis paranoide. De manera similar, Roman Polanski, en su película *El Inquilino*, recrea el desarrollo de una paranoia con toda su fuerza y brutalidad.

Sin llegar a la enfermedad mencionada, algunas personas muestran una tendencia muy marcada a no confiar. Ver en cada ser humano un potencial agresor y violador de los derechos personales, impedirá un acercamiento tranquilo. Si pienso que la gente muy probablemente abusará de mí, no podré acercarme a ella con la paz necesaria para hacer contacto. Amar es entrega. Es desgonzarse en el otro, es dejarse caer totalmente. Si no hay confianza, no hay amor y lo que es peor, no hay convivencia pacífica. Es como dormir con el enemigo. Muchas personas viven con la sensación de que su pareja es una especie de verdugo dispuesto a cortarles la cabeza si se descuidan. El resultado es agresión defensiva.

Las personas desconfiadas no le conceden a los demás el beneficio de la duda, sino la crueldad de la certeza negativa. Se es culpable hasta que demuestre lo contrario, y para colmo, se desconocen los cargos hasta la sentencia. "No puedo amarte si no pasas el examen de admisión. Debo estar total y categóricamente seguro de que eres honesta y no abusarás de mí" ¡Demasiado ofensivo para mi gusto! Si la persona que amo no cree en mí, no hay nada de qué hablar. Por principio no es "discutible". Si no existiera ese reducto personal de valores no transables, la humanidad estaría perdida. La persona prevenida, en su afán de protegerse contra los traidores, ofende. Se convierte en juez y fiscal al mismo tiempo. Valora, demanda pruebas y pregunta cosas que no deben preguntarse. Pone en duda la honestidad de la persona amada, porque no cree. Y aunque tenga el derecho a dudar, no deja de ser molesto, porque lo que la impulsa no es la sana costumbre a explorar, sino el miedo a ser vapuleada. Si te revisaran al salir de una casa para saber si has robado algo, ¿volverías?

No descarto la posibilidad de que en más de una ocasión la desconfianza tiene sus bases racionales, y en tal caso es justificable. Lo que señalo como inadecuado es la impertinencia de la generalización excesiva a ver ataques donde no los hay y traición donde las pistas no conducen a ella. La persona prevenida lee más fácilmente los indicios de abuso que de amistad. Los celos, el rencor y el recuerdo permanente de agravios es la consecuencia natural de ver a la pareja como un potencial estafador afectivo. La prevención, la frialdad y la poca espontaneidad en la expresión de amor, son el subproducto de un estilo donde la gente es percibida como básicamente desleal y maliciosa. La ternura del desconfiado se atrofia lentamente sobre la incisiva amenaza del supuesto engaño. El cariño y la búsqueda sana del bienestar compartido, va cediendo terreno a una actitud previsora cada vez más obsesiva e insoportable.

La desesperación de uno de mis pacientes ante la desconfianza patológica de su novia queda expresada en este relato: "Si mi relación se acabara porque hay motivos reales, vaya y pase, pero que se acabe porque no cree en mi amor, es absurdo... Usted sabe doctor que nunca he amado así en mi vida y que mi motivo de consulta fue ese enorme apego que siento por ella... Ella reconoce que tengo un sin fin de cualidades y jamás se queja de mí como persona... Sus dudas son acerca de si yo realmente la amo... ¿No le parece muy cruel que una buena relación se acabe porque elle dude precisamente del amor inmenso que le profeso?"

Atribuirle a las personas intenciones ocultas de control o manipulación, convierte las relaciones interpersonales en un verdadero suplicio. "Hay que defenderse todo el tiempo y estar alerta, de otra manera se aprovecharían de ti" "La gente no es sincera" "Todo el mundo es interesado". Estas son algunas de las premisas de los sujetos recelosos. Cuando el estilo desconfiado se traslada a las relaciones afectivas, el intercambio se convierte en una película de Perry Mason: acusador y acusado en el estrado de la vida cotidiana. Es muy agotador, además de humillante, tener que mostrar todo el tiempo paz y salvos afectivos para garantizar la franqueza de los propios sentimientos. El nivel de exigencia de los prevenidos se vuelve tan rígido y elevado que nadie pasa el filtro de "honestidad". Nadie les agrada porque ninguna persona ofrece suficientes garantías.

La sospecha de que la otra parte oculta información valiosa y perjudicial para uno, atenta contra la libertad del amor, porque no hay aceptación: "Ella no es lo que aparenta... No le creo". tampoco se permiten expresar libremente sus sentimientos porque consideran que ese acto de espontaneidad será utilizado en su contra: "Si me muestro como soy le estoy entregando información valiosa al enemigo y terminará aprovechándose de mí". No solamente desacreditan el amor que reciben, sino que no se entregan decentemente.

Paradójicamente, con el tiempo terminan haciendo precisamente lo que tanto critican de las personas "sospechosas": se ocultan tras las mentiras de una segunda intención. La meta es descubrir y desenmascarar al supuesto enemigo a como dé lugar, y como en toda guerra, el fin justifica los medios. Así, el estilo prevenido va generando en la persona que hace uso de él, una réplica cada vez más exacta del fantasma que persigue: estafar al estafador, controlar al controlador, manipular al manipulador, en otras palabras, la mentira.

El miedo a ser psicológica o afectivamente explotados y lastimados les impide vivir el amor como una experiencia alegre e inocente. Por el contrario, amar, para ellos, es una lucha sin cuartel por el poder, ya que al obtenerlo se inmunizan contra los supuestos ataques depredadores de la pareja. Si no se logra, se alejan.

El producto final del estilo prevenido es el aislamiento como el mejor recurso para estar "a salvo". Con los años, estas personas se muestran cada vez más reservadas y ajenas al amor interpersonal, más frías y calculadoras. La expresión de afecto, verbal y física, se va disecando. La duda acaba con el amor, porque le quita la savia vital de la cual se nutre: la confianza.

Si no confías en tu pareja, somete a contrastación la idea. Otórgale el beneficio de la duda. Deja que lo que tanto temes ocurra libremente. Si tienes razón y hay deshonestidad de la otra parte, retírate para siempre. Si no la hay, reconoce el error y ya no molestes. Por cada traidor a la causa, hay un puñado de valientes que la defienden hasta el final. La gente no es tan mala como crees, ni tú eres tan honrado como piensas. Dividamos todo por dos. Si realmente amas a tu pareja, respétala; no la ofendas dudando de su sinceridad sin más pruebas que tu contaminada prevención. El confiar produce el mismo efecto que el perdón: descaso y alivio. Baja la guardia y deja de defenderte tanto. La consecuencia de ver el mundo como amenazante te llevará a ser cada día más agresivo y violento. Si el ataque psicológico es real, te darás cuenta y sabrás defenderte. No necesitas estar alerta las veinticuatro horas . La vida requiere que aprendas a sobrellevar ciertas incertidumbres y a reaccionar sólo ante hechos consumados. Nadie es tan importante para que todo el mundo quiera aprovecharse de él. Déjate llevar por el afecto sin tantas resistencias y verás que el camino no es tan peligroso como te lo han pintado.

El estilo pasivo-agresivo o "subversivo"

Si alguien ha tenido la mala suerte de convivir con un pasivo-agresivo sabe lo angustiante que puede resultar la convivencia diaria. Estas personas sacan de control al más cuerdo y mesurado. Ponen a prueba la mayor de las paciencias.

El pasivo-agresivo es una persona que por diversas razones ha creado un conflicto profundo con la autoridad y no ha sido capaz de solucionarlo. Cuando hablo de autoridad no me refiero necesariamente al comportamiento dogmático e impositivo del que ejerce el poder abusivamente (autocráticamente), sino a los modelos de seguridad, como por ejemplo, el que sabe mucho, el eficiente, el cuidador, etc. Es decir, el conflicto de estos individuos es ante cualquier persona que cumpla el papel de "señal de seguridad". El dilema es así: necesito los beneficios que otorgan las personas con autoridad, pero quiero mantener la autonomía. Al igual que el niño atrapado entre la figura de apego y el sentimiento ineludible de libertad que vimos anteriormente, el pasivo-agresivo se debate entre los límites de un viejo dilema infantil aún sin resolver. A diferencia del dependiente, que se inclina ante su protector, o del ermitaño, que se aleja totalmente, el pasivo-agresivo opta por quedar bien con Dios y el Diablo: no quiere renunciar a ninguna de las dos cosas. La decisión ambivalente de mantener los beneficios de ambas opciones lo va inmovilizando y restringiendo a un espacio cada vez más pequeño de acción psicológica.

La trampa en la que cae es como sigue: "Debo protestar ante la intromisión que la autoridad ejerce en mi intimidad, pero sin perder su apoyo". Así, las reglas, normas, indicaciones, sugerencia y consejos, son vistos como restricciones, y la necesidad de ser libre y la independencia, como abandono. "Si soy sumiso, pierdo mi libertad; si soy libre, pierdo la seguridad de la autoridad". No parece haber escape posible. Otra versión humana del burro de Ballan.

Como enfrentar abiertamente la autoridad es contraproducente, deciden hacerlo de manera disimulada y encubierta. El pasivo-agresivo complace superficial, pero no sustancialmente. Colabora en cámara lenta, posterga y olvida, para salvar inadecuadamente una falsa dignidad: "Me inclino ante la autoridad, pero no demasiado". Detrás de su aparente sumisión y "elevamiento", se halla oculto el miedo a ser libre. Uno de mis pacientes me decía: "Cuando le pido que me traiga del mercado cuchillas azules, trae amarillas... Si le pido el favor, ella pone las condiciones de dónde, cuándo y cómo hacerlo, sin importarle mis necesidades reales... Me pide consejo sobre qué ropa ponerse, para luego hacer lo contrario. Cualquier cosa que sea darme gusto es un problema... Me respeta, me quiere, pero le da rabia depender de mí..." Subvertir el sistema y sabotear subrepticiamente el orden, es la única manera de sobrevivir que han aprendido.

Cuando se les sugiere que pierdan las "ventajas" de las señales de seguridad, no son capaces, a no ser que encuentren otro protector. Por el contrario, si se les induce a ser sumisos, no son capaces de frenar su instinto explorador de búsqueda y libertad.

El pasivo-agresivo es un reformista de su propia autoestima, pero jamás un revolucionario. Busca ayuda, pero desea mantener su independencia. Aunque sus objetivos no son malos en sí mismos, la fórmula de solución es evitativa y cobarde, porque se niega a pagar el precio.

El pasivo-agresivo intenta negociar sus principios y cae irremediablemente en la posición tibia y dubitativa de una doble moral cada vez más decadente. No es posible transar la honradez: soy o no soy honrado. La víctima del violador no categoriza su experiencia : "En realidad sólo me violaron un poco". La virtud no admite matices, es. Al dejarse seducir por los atractivos del poderoso, el pasivo-agresivo se equivoca, porque la seguridad que ofrece el dominador siempre exige una cuota de obsecuencia y docilidad.

La doble estrategia de ser al mismo tiempo sumiso y subversivo, les lleva a reprimir todo tipo de sentimientos. La ira no se expresa y la defensa de los derechos se hace indirecta o pasivamente. El acto de entrega es visto como "rebajarse" y ceder a las demandas del otro. Desde la perspectiva agresiva-pasiva, cualquier expresión de sentimientos es potencialmente perjudicial. Dar o recibir demasiado afecto compromete, asfixia y encierra. Si se expresa inconformidad con la pareja, de manera directa y franca, la aprobación y la protección pueden perderse. La propuesta afectiva, entonces, es definitivamente ambivalente y a medias: cariño dosificado y oposición indirecta.

Dependiendo del día, según cuál de los elementos esté más alterado, el pasivo-agresivo fluctúa entre la prevención y la contemplación, y con él su desconcertada pareja. La impredictibilidad de las reglas de juego afectivas generan ansiedad y agresión en la convivencia diaria. Si se les expresa afecto de una manera directa y amplia, se sienten atrapados y comienzan a ver a la pareja como intrusa, demandante, controladora y dominante. Si se les niega tal afecto, se sienten desválidos, solos, no queribles y perciben a la pareja como fría e insensible. No hay nada más difícil, por no decir imposible, de satisfacer.

Como este tipo de comportamientos genera tanta desesperación en el otro, es utilizada como método de venganza o castigo. Muchos niños utilizan la agresión pasiva para defenderse de aquellos padres repetitivos y cantaletosos. Por ejemplo, cuando la angustiada madre suplica a gritos por vez enésima que haga las tareas, el niño negativista puede comenzar a hacerlas de mala gana y displicentemente, con un número considerable de errores, tachones, borrones y cualquier cosa que implique descuido. La madre entonces entra en crisis, pide cita al psicólogo y éste decide ver al pequeño transgresor implacable para convencerlo de que ya deje de castigar a la tan sufrida madre. En la versión adulta, la agresión pasiva sirve para molestar, enloquecer, desajustar, irritar, torturar y eliminar al contrincante sin dejar huella. El crimen afectivo perfecto. Por ejemplo, si el marido se queja, supongamos con razón de que las camisas parecen acordeones, la mujer puede contestar: "Yo no se planchar, ni sé cómo enseñarle a la muchacha". El hombre le dice: "Inténtalo", a lo cual ella responde: "Bueno, pero a mí no me parece que estén tan mal planchadas, lo que pasa es que tú eres muy exigente". Con el tiempo las arrugas siguen igual y los reclamos del marido ya son vistos por la pasiva señora, y probablemente por su familia, como una exigencia desmesurada del marido, producto de una irracional y extraña obsesión por las arrugas.

En otro caso supuesto, si la mujer le pide al marido que no se atrase en el pago del colegio de los niños porque no le entregan las calificaciones, él dice: "Hoy mismo lo haré, pero no seas tan ansiosa". Ella dice: "Ya me ha pasado otras veces". El marido replica que reconoce su equivocación, pero que confíe en él. Ella, seriamente conmovida por el acto de contricción de su esposo pregunta: "¿Me lo prometes?", y él responde: "Te doy mi palabra" "¿No me vas a defraudar?", susurra ella... Él la toma de la mano y asevera: "Jamás lo haría". La señora se va tranquila y felizmente a reclamar las calificaciones el día indicado y ¡encuentra su nombre en la lista de los morosos!, gran vergüenza. Cuando le hace el comentario al marido sobre su irresponsable conducta, él dice: "Se me olvidó, tienes toda la razón... Lo siento". Ella al borde de un ataque de nervios, levanta la voz, a lo cual él responde impávido: "Definitivamente debes aprender a controlar tus nervios..."

Algo tienes que sacrificar. La vida nos demanda renunciación para avanzar. Quizás el mejor camino para transitar sea el de la expresión franca y honesta de los sentimientos, corriendo el riesgo de perder algo. Al final no importa el resultado, habrás ganado mucho. Ser afectivamente claro nos permite andar más cómodamente, sin tanto peso emocional y con la frente en alto. Si resuelves la cuestión en el momento, sin postergar ni diluir los hechos, y expresas tu ira o inconformidad adecuadamente, no te hará falta subvertir nada, porque no habrá dictadores a quienes tumbar. Descubrirás que la fortaleza del que sustenta el poder está precisamente en tu miedo a enfrentarlo. La libertad en pareja no es imposible si las cosas se hablan. Pero si piensas que la entrega en el acto de amar es denigrante y castradora, nada ni nadie logrará satisfacerte en la autonomía que buscas. La vida en pareja puede resultar agradable y enriquecedora, si juntos deciden los espacios por respetar y los lugares para encerrase.

El estilo narcisista-egocéntrico

Descentrarse es adoptar, así no sea de manera definitiva, un punto de vista distinto al propio. Es colocarse en los zapatos del otro. Es intentar percibir el mundo como probablemente lo haga otra persona y entender que hay muchas ópticas posibles. Este proceso de "salirse de uno mismo" es supremamente importante en el desarrollo de los humanos, ya que si no lo logra, las principales facultades psicológicas superiores en el hombre se ven estancadas y sobreviene la inmadurez psicológica. La descentración permite entender que uno no es el centro del universo y la existencia de una realidad independiente del observador. El niño va logrando lentamente desprenderse de sí mismo y aceptando a regañadientes una visión menos egocéntrica. A su ritmo, va reconociendo que las demás personas no son una mera prolongación de su ser, sino que viven por derecho propio. A la creencia de que uno es el "ombligo del mundo" se la conoce como egocentrismo, y aunque es esperable que desaparezca en la primera infancia, algunos siguen exhibiéndola toda la vida.

El intercambio afectivo que proponen estas personas siempre está sesgado a su favor. La territorialidad que manejan se cierra en el momento de dar afecto y se abre de par en par cuando se disponen a recibir. Como consecuencia, el amor se ve atrofiado en uno de sus canales principales: la entrega.

En su expresión más pura, el narcisista niega la realidad del otro como receptor. No alcanza a percibir sus necesidades, porque las subestima. Se desentiende de su papel de dador, porque le agobia la responsabilidad de hacerse cargo.

El bienestar ajeno es pura teoría. El hecho del amor está organizado alrededor de la propia felicidad y, en tanto se halle satisfecho, nada importa. No hay compasión, porque el sentimiento de pesar les incomoda. Es muy común ver a los maridos machistas regañando a sus parejas cuando las ven llorar o sufrir: "¡Tu sufrimiento me lastima, te exijo que te calles o sufras en silencio!"

La insensibilidad por el dolor de la pareja casi siempre se acompaña de la despreocupación por la humanidad entera. El estilo agocentrista se lleva a cuestas todo el tiempo. Como una maldición, el narcisista no puede desprenderse de su egoísmo y sentido de posesión desenfrenado. Cogerá el pedazo de pastel más grande, el mejor asiento, se apoderará del control del televisor, ocupará el mejor lado de la cama, sacará ventaja de cualquier situación porque se cree merecedor de ella. No solamente es aprovechado, sino que cree estar haciendo lo correcto: "Las reglas son para los otros, yo estoy por encima de ellas".

En la mayoría de los casos, este estilo se mantiene porque hay personas que lo sustentan y patrocinan. Parece increíble, pero muchas de mis paciente mujeres ven con naturalidad que su pareja pueda salir con más libertad que ellas y tener, en general, más privilegios. Otras trabajan todo el día por fuera y al llegar a casa deben continuar haciéndolo con sus hijos y con el recostado marido, como si este hecho realmente fuera natural.

El siguiente diálogo con una paciente, mujer de veintidós años, muestra la aprobación del sexo femenino al egocentrismo machista masculino. Su principal amigo era un joven bastante brusco, algo ordinario y muy poco amante con ella. No era detallista, además de algo "donjuanesco" con otras mujeres.

Ella: —No me soporto la manera de ser de Sergio...Tan frío y distante... ¡Tan creído!... No me trajo nada el día del amor y la amistades... Ni siquiera una llamada... Y yo como una boba le di el regalo.

Terapeuta: —Habíamos dicho que

conocerías más hombres. Sergio no es tu novio, no tienes compromiso con él, date la oportunidad de conocer más gente.

Ella: —¿Cree que no lo intento?... Pero es tan difícil... Nadie me gusta... Son como bobos.

T: —No entiendo, ¿quiénes son como bobos?

Ella: —No se vaya a ofender, pero ustedes los hombres.

T: —Hay de todo

Ella: —Vea, salí con un al tipo que me habían pintado como el mejor partido de Medellín... Soltero, médico, bien parecido... ¡Pero no sé!... Es como demasiado suave... ¿Me entiende?

T: —Trata de poner ejemplos

Ella: Por ejemplo, en mi finca salimos a montar a caballo y todo el tiempo pendiente de mí... Me habría los portillos, me pasaba el aguardiente... Me esperaba para cruzar las quebradas... Además no monta bien... No sé... Le tiene pánico a las cucarachas... Es demasiado querido... Le falta ser más...

T: —¿Sergio?

Ella: —Bueno...Tanto así no... Pero más fuerte.

T: —Pero tú me decías hace unas citas que te aterraba montar a caballo con Sergio, porque te dejaba atrás y no estaba pendiente de tí. Además, su trato siempre ha sido ordinario y descortés.

Ella: —Sí, pero al menos siento que estoy con un hombre que puede protegerme...

T: —¿De las cucarachas?

Ella (brava): —Sí... ¡Les tengo miedo y qué!

T: —No te gustó que tu nuevo amigo les temiera

Ella: —Es que él es hombre... Es demasiado caballero y eso no se usa... Debería ser un poco más... más...

T: —¿Egoísta? ¿Machista?

Ella: —Bueno, puede que esté loca, pero sí... Aunque sea un poquito... ¿Seré masoquista?.

Sergio le ofrecía a mi joven paciente un sentido de dominación que le gustaba. Se sentía "protegida", acorde con el papel social del hombre: el sexo "fuerte". La mitad de su feminidad requería el guardián, la otra mitad de su ser, no tan contaminado por la cultura, exigía un buen trato. Si se admite y reclama la función de "guardaespaldas" en la pareja, implícitamente se está aceptando una especie de superioridad natural, la cual a su vez conlleva a cierta estratificación jerárquica, privilegios incluidos.

Aunque no todas las mujeres son de este estilo, un gran número de ellas muestran rechazo por el hombre extremadamente democrático. En mi opinión, nada justifica que el hombre posea ventajas en la relación afectiva. Fuera o dentro de la cama, el amor siempre es horizontal.

Los hombres narcisistas-machistas no conciben no ser amados. Más aun, se sienten extrañados de que ciertas mujeres no hagan reconocimiento a su especial condición. En estos casos, el narcisista pierde el control y "lanza en ristre" arremete a la conquista de tan extraña criatura. Su misión: salvar su herido ego de muerte por baja autoestima. Si logra capturar la atención y el afecto de su víctima, el interés decae inmediatamente: su ego ha sido restablecido. Pero por las dudas, alimenta de vez en cuando el "amor" de su nueva esclava afectiva. "Siempre es bueno tenerla a mano". Cuando por alguna razón la mujer conquistada comienza a mostrar indicios de independencia afectiva, el egocentrista se ve nuevamente amenazado y la faena de reconquista comienza, obviamente lleva menos tiempo recuperar el control de la situación. Las mujeres atrapadas en esta red de seducción mortal, pueden permanecer así por años, sufriendo cada vez más y, lo más triste, resignadas a su suerte. El gato juega con el ratón, pero jamás lo devora. ¿La solución?, simple pero difícil de alcanzar: un amor alternativo. Un descuido del narcisista permitirá que su víctima, en un acto de valentía y arrojo, abra una rendija para que alguien dispuesto a amarla entre y la "salve". El machista-narcisista, congruente con su cobardía, se resignará y dedicará sus esfuerzos a otra presa con menos complicaciones.

El estilo narcisista-agocéntrico

es psicológicamente peligroso si la pareja es débil e insegura, porque destruye la autoestima ajena. Como si en ese afán desmedido por alimentar su propio "yo" debiera extraer amor a cualquier costo. Al no haber un flujo ida y vuelta, lo que se entrega se pierde: la muerte por inanición afectiva.

Esta manera inadecuada de amar concibe la relación afectiva como un acto de posesión. Consecuente con su "yoísmo", la pareja es considerada como una propiedad humana. Hay dos tipos de poseedores: los primeros son aquellos que realmente están convencidos de que el otro les pertenece por derecho. La idea que ha infundido el matrimonio tradicional, ha contribuido a legalizar tal creencia. "¡Ella me pertenece!", gritaba un ofuscado marido. "¡Él es mío y no lo pienso compartir con nadie!", afirmaba tajante una novia. Aunque debemos reconocer que la idea de "pertenecer a alguien" es halagadora y tierna en el contexto amoroso, no debemos descuidar los peligros que entraña desde el punto de vista psicológico; y cuando la ley de los hombres y las creencias religiosas autorizan la propiedad afectiva, peor. Por tal razón, a veces, la posibilidad de arreglar o disolver las relaciones "poseedor-poseído" no necesitan psicólogo, sino un experto en exorcismo. Ante el argumento, "eres mía por que así debe ser", no hay otra posibilidad que recurrir a fuerzas sobrenaturales para romper el maleficio. El segundo tipo de poseedor no se fundamenta tanto en principios como en una inseguridad enmascarada: "Si mi pareja me pertenece totalmente, no podrá decidir sin mi consentimiento y, por lo tanto, la probabilidad de que me deje o la pierda no dependerá de ella, sino de mí: puedo dormir tranquilo". Es una forma de atar y someter a la persona "amada" para no perderla. Es curioso que la palabra "amo" tenga tanto una connotación afectiva, como esclavista. Las personas afectivamente inseguras, no importa el motivo, son posesivas y celosas. Los celos siempre son miedo. Si los objetos materiales pudieran decidir si son vendidos, arrendados o regalados, existirían celos a los carros, a los muebles y a las casas. Cuanta más libertad de decisión tenga la fuente de nuestro amor o deseo, más posibilidad de que sean víctimas de la seducción ajena. La posesión afectiva, en cualquiera de sus formas y bajo cualquier excusa, es deshumanizante.

PARTE III

EL EFECTO POSITIVO
Y OTRAS SANAS COSTUMBRES

*A la muy amada compañía de las estrellas, la
luna y el sol;
al océano, al aire y al silencio del espacio;
a la selva, el glaciar y al desierto,
tierras blandas, aguas limpias y fuego en mi
corazón.*

*A cierta cascada dentro de la jungla;
a la lluvia nocturna sobre el tejado y las
anchas hojas
hierba en el viento, tumulto de gorriones en un
arbusto,
y a los ojos que dan luz al día*

ALAN WATTS

Educar para el amor es generar un estilo de vida afectivo que abarque todos los instantes. Es internalizar una manera de vivir acorde con lo natural. No implica estar con una sonrisa de oreja a oreja, negando el gris-oscuro que ofrece el mundo, sino permanecer siempre dispuesto a establecer contacto con todo lo que implique estar vivo. Amar es un estado de ánimo, una disposición. Alguna vez he tenido la sensación de que la vida está viva y el amor también. Como un ser real que fluye entre nosotros al igual que los átomos y el aire. Amar es una filosofía de vida, es intentar estar despierto para ver y percibir. No es llevar un registro sobre las buenas acciones de hoy para sentirme limpio y premiado en el más allá, sino facilitar su aparición. Educar para amar no es montar una fábrica de afectos y repartirlos, sino fijar las bases para que cada uno construya y edifique una experiencia afectiva sana. Como decía Krishnamurti:

"Deja la casa en orden, abre ventanas y puertas, y si estás de suerte, puede, que en una de esas, el amor entre".

Algunas costumbres facilitan y amplifican la posibilidad de un amor saludable, otras lo asesinan antes de que haga su aparición. Muchos de los bloqueos psicológicos que nos ha impuesto la educación tradicional, obstaculizan el amor interpersonal, lo entorpecen y lo complican. Si abonamos el terreno, es probable que la semilla germine. Si limpiamos el camino de escollos y quitamos las cerraduras mentales, estaremos en condiciones de relacionarnos amistosamente con el amor e invitarlo a pasar.

La importancia de completar emociones

La salud mental puede concebirse como la capacidad de no dejar problemas inconclusos a lo largo de la vida. Esas cuestiones sin resolver, con el devenir de los años, se convierten en una carga que hacen cada vez más difícil transitar tranquila y livianamente . Postergar es el peor de los vicios psicológicos. El organismo se va deteriorando y desgastando bajo el peso de aquellos sentimientos negativos que, por alguna razón, no han sido procesados adecuadamente por la persona en el momento oportuno. Guardamos rencores, miedos, tristezas y recuerdos mortificantes sobre lo que deberíamos haber dicho o hecho. Viejos comportamientos de los cuales nos avergonzamos, de los que nunca hemos hablado, se manifiestan directa o indirectamente en la salud psicológica y física. Signos de un malestar latente y dormido inconsciente. Reprimir es esconder, tapar u ocultar vivencias frente a las cuales no sabemos cómo actuar. Es evitar el sufrimiento inmediato, no importa qué pase después. Es tirar la mugre bajo el tapete, para que la casa se vea limpia. Es la cobardía oculta en el autoengaño. Los asuntos pendientes permanecen almacenados en la memoria como una espina molesta. Es posible acostumbrarse a ella, pero tarde o temprano la fuerza natural del propio ser tiende a expulsarla.

Las emociones humanas pueden dividirse en primarias y secundarias. Las emociones primarias no son aprendidas, están genéticamente programadas y suelen ser de gran utilidad para la supervivencia de la especie. Las emociones secundarias son aprendidas, culturalmente programadas y de dudosa utilidad adaptativa. Suelen ser poco saludables para el organismo y, casi siempre, deben ser modificadas y erradicadas de plano.

Una de las mejores formas de no permitir la acumulación tóxica de esquemas negativos, es aprender a procesar la información emocional. Por lo general, cuando una emoción primaria no es procesada adecuadamente, se almacena y es convertida por la mente en emoción secundaria. Por ejemplo, la ira no expresada oportunamente se transforma en rencor; la evitación del miedo, en ansiedad anticipatoria; la tristeza no vivida, se generaliza en depresión. Sentir la ira y expresarla adecuadamente es recomendable, ya que se extingue y desaparece, pero volver sobre ella una y otra vez, la alimenta. La ira debe procesarse, el rencor resolverse.

Una mujer ya de edad fue a mi consulta porque no había sido capaz de aceptar la muerte de su marido. Se sentía sola, lo extrañaba, y la ayuda que le brindaban sus hijos no era suficiente. Los antidepresivos y demás fármacos habían producido alivio relativo, pero la angustia y la tristeza no habían desaparecido. Uno de los comportamientos típicos de la señora, patrocinados y avalados por la familiar, era evitar ponerse en contacto con cualquier cosa que le recordara al difunto. La ropa, fotos, artículos de uso personal y todas las pertenencias de su marido, habían sido cuidadosamente empacadas, selladas y celosamente guardadas. Cuando la señora llego a mi consulta, se mostró triste y algo reacia a comentar lo que sentía frente a su pérdida. Cualquier pregunta mía sobre su pareja era disimulada y sistemáticamente desatendida. Al cabo de algunas sesiones decidí confrontar a mi angustiada paciente.

Terapeuta: — ¿Por qué usted nunca me habla de su esposo?

Paciente: — Yo sí le hablo.

T: — Pero sólo cosas superficiales... Me interesa que me hable de él. Quiero conocerlo a través suyo.. ¿Le molesta?

P: — No sé... No creo que sea una buena idea...

T: — ¿Lo extraña?

P: (silencio)

T: — Lo quería mucho, ¿verdad?

P: (asintiendo con la cabeza)

T: — ¿Piensa mucho en él?

P: — Todo el tiempo... Yo debería ser la que estuviera muerta...

T: — ¿Por qué controla el llanto cuando está aquí? Llorar es bueno y necesario. ¿Por qué no se desahoga?

P: — Siempre he sido una mujer fuerte, no estoy acostumbrada a mostrarme débil... No me gusta.

T: — La verdadera fortaleza está en hacer contacto con lo que tememos y enfrentarlo.

P: — No soy capaz

T: — Usted posee la habilidad natural, innata, de elaborar su duelo. Su organismo sabe qué hacer, no entorpezca su labor. La tristeza es la respuesta más adaptativa ante la pérdida de un ser querido. Piense que el estado de ánimo triste la desactiva para que no siga persiguiendo lo inalcanzable y no se agote en una búsqueda imposible. La resignación biológica es sana y necesaria... Es el principio de la realidad, imponiéndose al principio del placer.

P: — ¿Qué debo hacer?

T: — Saque a la luz todo, las pertenencias de él, huela su ropa, mire sus fotos, escuche la música que lo recuerda. No evite llorar, hágalo todo el tiempo que quiera... Quédese sin lágrimas y sentirá un gran alivio. Haga contacto con su dolor. No hay anestesia ni silocaína que merme el sufrimiento de haberlo perdido. Le dolerá, pero llegará un momento en que su recuerdo será un bálsamo en el que se refugiará con paz y amor. Sus hijos y amigas siempre la han reconocido como una persona valiente y de gran entereza. Sea consecuente con ello y enfrente el duelo abiertamente, sin obstáculos ni resistencias... No retenga más a su esposo, déjelo ir...

P (sollozando): — Lo voy a intentar... No sé si podré hacerlo, pero lo voy a intentar... Creo que debo pensar menos y actuar más...

Cuando la señora decidió acabar con el duelo y lo dejó venir, sin más resistencia que la convicción de sentir el dolor, volvió a su estado normal. Cuando permitió que la emoción primaria cumpliera su ciclo, la depresión asociada desapareció. La tristeza, cuando ocurre naturalmente en el duelo, permite al organismo conservar energía para seguir adelante y, en tal sentido, es una bendición más que un castigo.

Las emociones primarias no son ni buenas ni malas, sólo existen. Como los árboles, las nubes, las montañas y los colores. Simplemente son. Pero al igual que cualquier otra manifestación de la naturaleza, su existencia está relacionada con alguna función pragmática y vital para el equilibro de la vida en el planeta. Su funcionamiento es de carácter transitorio y de ciclo limitado. "No hay mal que dure cien años ni cuerpo que lo resista". Es decir, una vez su misión haya concluido, se agota a sí misma. El organismo la absorbe y desaparece. Pero si ese ritmo natural se interrumpe, racionalizando, reprimiendo o escapando, se violenta un proceso biológico adaptativo y la emoción sufre una metamorfosis negativa.

El bloqueo artificial (mental) de estas emociones, puede producir alteraciones en el funcionamiento normal en que se sustentan. Un caso típico en el _Trastorno de pánico o angustia_. En los pacientes que lo padecen, la característica del cuadro es el "miedo al miedo". Un buen día, de manera espontánea y sin ningún tipo de causa tangible, la adrenalina se dispara sola, como la alarma de un carro sin abrir la puerta, y el sujeto comienza a sentir una serie de sensaciones molestas (taquicardia, mareos, disnea, sudor frío, temblor), para las cuales no tiene ninguna "explicación lógica". Nada en el ambiente inmediato explica razonablemente lo que está sintiendo.

Como consecuencia, los síntomas del miedo son interpretados catastróficamente o atribuidos a causas distintas a la adrenalina: "Me voy a enloquecer" "Me voy a morir" "Me va a dar un infarto" "Voy a perder el control". Estos pensamientos activan aun más el miedo, el cual confirma las profecías, lo cual activa nuevamente el miedo, y así sucesivamente.

La persona quedó atrapada en el círculo del pánico, presa de su propia trampa. Si la mente no hubiera intervenido, el miedo, muy probablemente, hubiera desaparecido. La terapia para estos casos es exponerse totalmente al temor, atreverse a retarlo y *respetar su ciclo natural*. Uno de mis pacientes, después de una sesión de exposición directa al pánico, resumió en una frase muy significativa y descriptiva la experiencia por la que acaba de pasar: "¡Qué cosa tan miedosa es el pánico!" A veces la mejor fórmula para extinguir el miedo irracional es aceptar lo peor que pueda ocurrir y dejar que el hecho fluya por uno hasta desvanecerse. Como resulta obvio, no me estoy refiriendo al miedo a los ladrones, a las armas o a situaciones objetiva y realmente dañinas (a nadie con dos dedos de frente se le ocurriría encerrarse con serpientes venenosas para perderles el temor). En conclusión, el miedo a las emociones primarias las prolonga más allá de lo necesario, el organismo se sobrecarga al no dejarlas fluir libremente y las transforma, tal como dije antes, en sentimientos negativos.

Generalmente tiende a creerse que todas las emociones displacenteras son malas y que por ende deben se eliminadas. Nadie duda sobre la permanencia de sentimientos como la alegría y el amor, pero, ¿para qué patrocinar la estadía de emociones que nos hacen sufrir? ¿No es mejor eliminarlas, bloquearlas, esconderlas o evitarlas? La respuesta no parece ser afirmativa. Algunas de estas emociones llamadas "desagradables" han cumplido, y todavía lo hacen, un papel fundamental para la subsistencia de la especie humana. Por ejemplo, la ira moviliza energía para la acción, da un sentido de vigor y coraje al sujeto para defenderse, eliminar obstáculos o escapar de un encierro. Bien manejada (sin violar los derechos ajenos y al servicio de fines nobles) es útil y adaptativa. El miedo, por su parte, ha permitido escapar y evitar depredadores y situaciones de peligro para poder sobrevivir. La tristeza, contrariamente a la ira permite, por medio de la desactivación, conservar energía y recuperar fuerzas. Así pues, cada emoción primaria posee un significado sustancial para la supervivencia humana. Desafortunadamente, muchas de ellas han sido sometidas a un proceso de desnaturalización.

La valoración cultural ha llevado a desvirtuar el significado original de las emociones primarias, hasta convertirlas en indeseables. Si el estornudo, por alguna razón cualquiera, fuera un símbolo de decadencia moral, trataríamos de evitarlo a toda costa. Muy probablemente, al estornudar nos sentiríamos culpables de no haberlo controlado, visitaríamos al psiquiatra (o al otorrino en ese caso) para que nos ayudara a eliminar la horrible tendencia. Los laboratorios no tardarían en inventar una droga para reprimirlo. Con seguridad, los textos de psicología señalarían la "estornuditis" como un "lapsus nasal". Desde el punto de vista médico, las consecuencias de taparse la nariz cada vez que la explosión interior amenazara con aparecer, crearía problemas auditivos y oftalmológicos, los cuales serían atribuidos erróneamente al estornudo. El resfriado sería visto como una enfermedad del alma, frente a la cual se harían campañas de prevención. Así quedaría desvirtuado un fenómeno natural, sano y placentero. Una vez más la cultura habría dejado su huella antinatural. La constipación emocional es una manera elegante, por no decir aristocrática, de suicidarse.

Las personas "represoras" se enferman. Los sujetos que tienen grandes dificultades para expresar emociones están más dispuestos que los extrovertidos emocionales a contraer cáncer. Su sistema inmunológico pierde efectividad y capacidad para defenderse. Es en las situaciones límites, al quitarnos las máscaras de la razón, cuando la verdadera humanidad aflora. Guardamos en la trastienda un impresionante arsenal defensivo del cual la naturaleza sabiamente nos ha provisto. El problema es que sólo somos conscientes de su existencia cuando recurrimos a él por desesperación. Una señora levanta un carro al ver a su hijo atrapado bajo los hierros retorcidos. Un inválido camina por un instante al ver en peligro a su esposa. Una persona desahuciada vive quince años con un cáncer terminal, porque va a tener un hijo.

Quizás junto al equipo biológico emocional haya más depósitos de los que nuestra empecinada inteligencia se niega a ver. Acercarse a las emociones para vivirlas, es obviar la mayor fuente de orgullo que nos ha caracterizado como humanos industrializados modernos: la razón.

No estoy proponiendo la búsqueda desesperada por sentir las emociones a toda costa, como es la sensiblería cursi, sino una actitud abierta a darle curso a los sentimientos cuando éstos ocurren en nuestro quehacer cotidiano, en vez de archivarlos. ¿La clave?: **espontaneidad**.

La persona que completa sus emociones vive en libertad, reacciona al aquí y al ahora sin proyectarse tanto al futuro, vive intensamente y expresa lo que siente más allá de las normas impuestas, lo cual no implica la violación de los derechos de otras personas. La ambición, la codicia, el afán desmedido de poder, la competencia desleal, la envidia, no son emociones primarias sino secundarias. Son sentimientos destructivos que caracterizan la cultura de la que tanto nos ufanamos. La persona emocionalmente valiente es respetuosa por naturaleza, porque en ella no existe crimen, ningún animal mata por placer. Es irreverente, espontánea, altamente sensible y absolutamente insoportable para alguien reverencial, medido y supercontrolado. Un procesador emocional se conoce a sí mismo, ya que vive en contacto con su experiencia interior. No le teme a la introspección, porque de ella aprende y así crece. Es menos artificial que los bloqueadores. No está dispuesto a ceder en la libertad emocional, porque moriría asfixiado en su propio encierro. Es un pésimo diplomático y un excelente amante. Descubre cada día y se asombra a cada instante. Vivir con libertad emocional es abrir las fronteras y darle entrada a toda la experiencia afectiva humana, sin pasaportes ni permisos especiales.

Completar la emociones y hacer contacto con los problemas no sólo previene la enfermedad, sino que es una condición para amar, porque el acto de amar únicamente se instala sobre la sana intención de sentir libremente. Esto no es un problema de "buena educación" o urbanismo recatado, sino de supervivencia.

Una mujer de mediana edad se lamentaba de estar sola. "Me he pasado la vida trabajando y buscando cosas importantes que dignifiquen mi persona... Pero ya veo, de nada ha servido... Mi cordura, mi puesta en orden, mi responsabilidad en el trabajo, mi cumplimento, mi honestidad.. Esos valores ya no son importantes... Si hubiera sido una de esas locas, tendría a alguien con quien compartir mi vida..."

La señora C era como ella se

describía. Una mujer responsable, adecuada, muy diplomática, no "comprable" y muy recta. No en vano ejercía un alto cargo gubernamental en el Ministerio de Justicia. Sus intentos de hallar una pareja habían fracasado sistemáticamente. Cuando un hombre le interesaba, después de la primera o segunda salida no volvía a llamarla. Ella no comprendía cómo estos señores no veían sus cualidades y valores. El problema es que tanta probidad, integridad y prudencia, había convertido a la señora C en una señora exquisitamente aburrida. Más aun, total y absolutamente predecible. Su afán por no excederse y mantener todo bajo control generaba estrés. Si bien existen reglas, también debe haber un espacio para el libre albedrío donde uno imprima su toque personal. Si eliminamos totalmente la capacidad de comportarnos de acuerdo con nuestros sentimientos, matamos la sorpresa, la idiosincrasia y la propia humanidad.

Desconectar a la señora C de sus "debería" no fue fácil, pero con el tiempo comprendió que sus emociones no son un subproducto orgánico despreciable, ni un desecho del cual avergonzarse por débil. Traté de resumirle así la posición: "Sus cualidades son dignas de admiración, y me parece importante que las siga manteniendo y las cultive, pero usted no es sólo eso. Ser íntegra no significa minimizar su humanidad. Usted es una totalidad, de cosas buenas, malas y regulares. Y ahí es donde radica su verdadero atractivo. Todas sus virtudes, sin el toque afable y personal de su emocionalidad, se convierten en deshumanizantes, como una gran enciclopedia ambulante. Si usted realmente quiere enamorarse, debe dejar de frenar su ser. Quítese la camisa de fuerza ¿Que posiblemente haga el ridículo?... Sí, ¡bienvenida al mundo de los humanos!

El amor interpersonal es un flujo de sentimientos mezclados, no depurados, enredados en una maraña de toma y dame. Conlleva miedo, ira, tristeza, alegría, culpa, vergüenza, ternura, violencia y todo el paquete entero de lo que usted realmente es. Además de ética, y una hoja de vida intachable, debe ofrecer más, mucho más... Debe ser usted misma, con su maravillosa y terrible humanidad a cuestas, y si alguien no la acepta así, no la merece... Comience a abrir las compuertas. Acérquese a la gente con menos parsimonia. Sea un poco más informal. Imprímale color a sus virtudes..." Para que los moralistas y beatos se tranquilicen, la señora C no se convirtió en una oscura, pervertida, malvada y adúltera mujer: "Lo que natura no da, Salamanca no quita". Su esencia era la de una buena mujer.

Si le temes a las emociones estarás negándote el derecho a estar vivo, porque aunque intentes sacudirte de ellas, las emociones son parte de ti, como el pelo, las uñas y otros órganos. Mejor aun, *eres las emociones*. Cada vez que estés en contacto con tu vivencia, siéntete ella. No digas: "El miedo se apoderó de mí", como si se tratara de algo ajeno a tu persona que llegó desde afuera y se apropió de tu ser.

Cuando sientas amor, en ese instante, **eres el amor**; cuando el miedo comienza a manifestarse, tú **eres miedo**.

Ése es el verdadero contacto, cuando no hay un observador y un observado. Aceptar las emociones primarias no es primitivo, sino natural. No escapes de ellas, compréndelas, míralas y percíbelas como fuente de vida y conocimiento. No estorbes su manifestación cuando sean necesarias. Ellas están vivas. Son la savia de la que se alimenta tu ser. Es de las pocas cosas que aún posees en estado puro. Si observas un instante a tu alrededor, verás que nada, absolutamente nada, se halla en estado natural. La mano del hombre lo ha manoseado todo. Te has alejado de la inocencia y el virtuosismo que ofrece la experiencia incorrupta, sin contaminar. Y aunque el mundo tecnológico quiera llenarte de chips por todas partes, hay algo increíble en tu interior que aún no ha sido profanado por los monopolios de lo artificial: tu capacidad de emocionarte. Todos los intentos castradores y limitantes del alud consumista no han logrado destruir tu esencia. A lo sumo han dormido el volcán, pero mientras estés vivo, puede activarse.

Siempre podrás despertar ese reducto biológico si lo deseas realmente, y leer en él. Quizás sea la única fuente natural de aprendizaje que se ha mantenido fiel a sus orígenes y aislada del agravio depredador del hombre. Si quieres despertar: (a) lee en la naturaleza, (b) obsérvate a ti mismo en relación con otras personas y, (c) manténte en contacto con tus estados internos. Esos son los tres caminos para avanzar en el autodescubrimiento. Pero como puedes darte cuenta, el libro ecológico está cada vez más ilegible. Las relaciones interpersonales están viciadas por la enorme programación negativa y leer en ellas se hace cada vez más difícil. Es en la manifestación más primitiva y remota de tu ser donde todavía puedes encontrar, incólumes, los grandes secretos del saber verdadero.

La expresión de sentimientos positivos: un regreso al lenguaje natural del amor

El lenguaje hablado, la máxima adquisición evolutiva del ser humano, ha sido el gestor principal del desarrollo de la inteligencia en el hombre y de su gran amiga, la mente. Después de todo, la capacidad de abstracción y generalización que ofrece la posibilidad del pensamiento verbal, es lo que realmente nos separa del mico. Su importancia para viajar a la luna, para extraer petróleo, para construir puentes, automóviles, armas, teléfonos celulares, inventar vacunas, y cuanta tecnología se nos ocurra, está fuera de toda discusión. El problema parece estar en que no hemos detenido las guerras, la contaminación ambiental y el sufrimiento humano. En su libro *Stadistics of Deadly Quarrels* de 1960, Richardson muestra cómo en 126 años, entre 1820 y 1945, el hombre ha matado al hombre en guerras, asesinatos y asonadas, a una tasa de un muerto cada 69 segundos. El poder destructor total fue de 59.000.000 de muertes. Algo le está funcionando mal a nuestra inteligencia.

Cuando se hace del pensar y la razón una condición exageradamente necesaria y vital para sentirnos humanos, atrofiamos su contrapartida. Eliminamos la capacidad natural que tenemos para procesar de manera afectiva y multisensorial la realidad de la que formamos parte. Hemos sacrificado viejas y apasionantes vías fisiológicas, para alimentar un hemisferio izquierdo cada vez más demandante y cruel.

En el amor, "un abrazo dice más que cien palabras". Ésto no significa que nos convirtamos en "sordomudos afectivos". Un "te quiero", nunca está de más, si es sincero. Pero el amor no se hace solamente hablando. La comunicación verbal es un soporte para la expresión de afecto y un factor imprescindible para la convivencia en pareja, pero no es suficiente (a veces es estorboso) para entrar en contacto directo.

El lenguaje permite la comunicación, es decir, el intercambio de un código de información simbólico, el cual debe ser traducido, descodificado y asimilado vía corteza cerebral. Pero esta comunicación verbal tipo radar no garantiza la "comunión", la cual implica una correspondencia en la relación, donde las "traducciones mentales" se disminuyen a su máxima expresión y el intercambio se realiza sobre la base de una gramática directa, automáticamente comprensible, no siempre explicable, casi mágica, subcortical, más primitiva, más natural y definitivamente de un impacto mayor. En este nivel de contacto, las palabras sobran. Y en realidad sobran porque no hay dos personas, sólo una.

Cuando una pareja llega junta al orgasmo, ¿están comunicándose sexualmente? No. Están compartiendo un estado e intercambiando una experiencia irreproducible. Su potencial y magnitud energética impide la entrada a la razón y al pensamiento, ya que en ese momento están más allá de la comunicación: son uno. Cuando el orgasmo sobreviene, con todo su despliegue biológico, es imposible pensar, porque el tiempo pierde su dimensión y deja de existir. Es una de las formas naturales del "aquí y el ahora" tan pregonado por psicólogos e iluminados.

El sexo no es comunicable, ni intercambiable, sólo ocurre. No pretendo reducir la comunicación a lo sexual, pero es un buen ejemplo de cómo la razón puede afectar una expresión natural de contacto. Acepto que el lenguaje verbal en ciertas ocasiones puede resultar excitante durante el coito, pero en grandes cantidades es definitivamente estridente. Un paciente me decía: "Me gusta que ella grite, aúlle, me hable durante el sexo... Pero explíquele que a veces habla más de la cuenta y me desconcentra y aturde... Me pregunta cómo me siento, si me gusta, si lo hace de esta manera o la otra, se retuerce... Yo pienso que el sexo es más para sentir que para hablar... Aunque no me choca que me diga alguna obscenidad de vez en cuando".

El amor permite aproximaciones afectivas alternativas al lenguaje verbal, más pujantes, tiernas y poderosas. En mi opinión, cuanto más biológicos, espontáneos y naturales (no contaminada por el pensamiento) sean el acercamiento y la expresión, más posibilidades de comunión. Los gestos, el contacto físico, el beso, la mirada, los sonidos sin significación lingüística y otras formas, mal llamadas animalescas, de "encuentro cercano", son la mejor expresión del amor. Por desgracia, es precisamente en este tipo de comportamientos donde la cultura ha causado más daño.

En cierta ocasión, un colegio me invitó a dar una conferencia para padres sobre la importancia de la expresión de afecto. En determinado momento hice el comentario de cómo el contacto físico puede llegar a bloquearse por miedos irracionales. Señalé el típico ejemplo del retiro afectivo de algunos padres hombres cuando sus hijas mujeres comienzan el desarrollo físico y hormonal de la preadolescencia. Cuando el padre se entera de que a su hija ya le ha venido la menstruación, su expresión de afecto, en número de caricias, disminuye sustancialmente.

Algunos autores sostienen que este alejamiento brusco, el cual afecta a la niña, tiene su explicación en un miedo inconsciente a responder incestuosamente ante el contacto con la hija. Hay cierto sentimiento de incomodidad al ver que la hija ya es "toda una mujer", como si todo contacto físico debiera conducir irremediablemente a una respuesta sexual de tipo involuntario. Sin embargo, la gran mayoría supera este enfriamiento transitorio.

Todo iba bien en mi exposición, hasta que un señor del auditorio pidió la palabra para resaltar, con cierto aire de damnificado moral, que un padre así sería un degenerado y no era el caso de los padres del colegio. Le contesté que la idea de ninguna manera era ofender a los asistentes y que lo único que yo estaba haciendo era transmitir cierta información que mi experiencia clínica y un número considerable de investigadores había señalado. En ese instante, la esposa del señor, tanto o más ofendida, intervino expresando su extrañeza: "No veo por qué usted necesitaba hablar de sexo en una conferencia sobre afecto... Me pregunto para qué..." Le contesté que precisamente estaba resaltando la irracionalidad de asignar una connotación sexual a todo contacto físico y cómo, tal actitud, puede deteriorar la experiencia de ternura más inocente. Intenté otros argumentos, pero la señora, inmutable y determinante, movía la cabeza de lado a lado como diciendo: "Nada de lo que usted diga me va a convencer". Y agregué: "Pero si me permite, yo creo que el problema es de otra índole. Se lo explicaré con el siguiente relato: En cierta ocasión y en algún lugar, un pintor hizo una exposición de cuadros eróticos. Una de las señoras asistentes se detuvo especialmente en uno de ellos, donde aparecía una mujer sin sostén, inclinada, y con sus interiores a la altura de las rodillas, mientras un hombre sentado a su lado en la cama, la observaba. Luego de algunos minutos la señora explotó en ira mala, diciendo: "¡Dios mío, ésto es pornografía barata! ¡Cómo es posible que permitan ésto! ¡Hablaré con el responsable! ¿Adónde vamos a ir a parar...? ¡Una mujer desvistiéndose, frente a un desconocido, en un prostíbulo!... ¡Y a ésto llama usted arte!". El pintor, haciendo gala de una gran diplomacia, le contestó: "Estimada señora, la mujer no se está desvistiendo, se está vistiendo. Está en su casa y no en un prostíbulo. Ese señor que se ve sentado, no es un desconocido, es su esposo. Llevan quince años de casados y son muy felices... O sea, la pornografía no está en mi cuadro, sino en su cabeza".

Al otro día de mi accidentada conferencia, algunos miembros de la asociación de padres redactaron una carta a las directivas del colegio para que no me volvieran a invitar a ningún tipo de conferencias. Vetado, sentenciado y expulsado.

¿Por qué nos preocupa tanto el contacto físico? ¿Le tememos al despertar sexual? ¿A nuestra forma primitiva de dar y recibir? ¿A la amenaza de sentirnos invadidos? Si el sexo, tal como sostienen muchas personas, es secundario frente a la experiencia profunda de amar a otro ser humano, ¿por qué razón es precisamente lo que más se cuida? No promulgo el libertinaje sexual, sino la filosofía de la ternura y el lenguaje de las caricias ¿Por qué tenemos que ensuciarlo todo y complicarlo? El acercamiento físico, si es respetuoso y honesto, y el contacto directo que sobreviene irremediablemente, rompen las barreras antinaturales de una mente cada vez más esquiva y egoísta.

Que el contacto físico es básico y fundamental para el crecimiento integral del ser humano, ya nadie lo duda. La evidencia es abrumadora. En el experimento más típico, tres chimpancés recién nacidos fueron alimentados respectivamente por tres tipos de "mamás": (1) mamá de alambre, a la cual se le ataba un tetero que contenía leche, (2) mamá de felpa, a la cual también se le adhería un dispensador de leche y, (3) una chimpancé real, viva, que alimentaba al tercer pequeño de manera natural. Los resultados mostraron que el contacto directo con la madre real no sólo prevenía más enfermedades, sino que los hacía más resistentes al estrés y a sus consecuencias. Las caricias y el contacto piel con piel en los bebés prematuros, produce un efecto similar en su recuperación. Desde mi punto de vista, sin desconocer los beneficios que puedan obtenerse de la leche materna, la principal ventaja de la alimentación directa madre-hijo es el contacto físico.

Una de mis asistentes padecía de lo que yo llamo "restricción física". Son personas que pueden amar intensamente, ser detallistas, respetuosas y comprensivas en la relación afectiva, pero a la hora de "tocar" o "ser tocadas", fuera de un contexto sexual, se produce un profundo rechazo emocional nada fácil de superar. El estilo afectivo de su familia era patente: total predominio de lo verbal sobre lo físico. Cuando recibieron la noticia de que su madre tenía cáncer y la señora se sentó a llorar desconsoladamente, nadie se le acercó físicamente, no hubo un abrazo, una cogida de mano o un apretón. Toda la expresión era verbal: "Ánimo" "Todo va a salir bien", o algún comentario "distractor". El estilo familiar de "prohibido tocarse" también había hecho mella en su vida de pareja. Aunque disfrutaba las relaciones sexuales, no había iniciativa de acercamiento físico afectivo hacia su esposo. Ella no sabía "contemplar" con su cuerpo, sólo lo hacía con la palabra y otros hechos demostrativos, pero no era suficiente. A todos nos gusta que nos rasquen las pulgas de vez en cuando y su marido no era la excepción. Sin embargo, ella se resistía a modificar ese patrón inadecuado: "Él se queja de que no soy expresiva... Pero yo le demuestro afecto de otra manera... ¿Acaso es la única forma?... Él debe entender que soy así... Yo no soy empalagosa". Esta frase refleja las excusas más características que argumentan las personas con dificultades para expresar afecto a través del contacto físico. En realidad, si bien es cierto que no es la única forma de demostrar amor, es universalmente la más requerida.

Si la pareja disfruta con que le rasquen la espalda, le hagan "cosquillitas", le cojan la mano o lo abracen, ¿por qué no hacerlo? Si la pareja no exige caricias compulsivas y desgastadoras, ¿por qué negarse a ello? Nadie le pedía a mi paciente que fuera empalagosa. Decir: "Yo soy así y no puedo cambiar", es lo mismo que decir: "Me importas un rábano" o "tus necesidades no me interesan". Además, se supone que la persona que posee la capacidad de disfrutar del contacto físico está, por así decirlo, en el camino adecuado; no es ella la del problema.

Le dije a mi paciente: "Vea, por más excusas, argumentaciones lógicas y razonamientos que busque, hay un hecho real que debe enfrentar. Independientemente de las causas, él es un hombre buen dador y buen receptor de afecto, contacto físico incluido. La historia familiar de inhibición que enmarcó su crianza explica su represión, pero no la justifica. No me parece justo pedirle a su esposo que reprima su capacidad natural de disfrutar del contacto físico, para que usted esté bien. Pienso que debe ser al revés. Al modificar su estilo, usted se sentirá mejor, dejará de estar conteniendo su impulso natural de abrazar a las personas que ama, se sentirá más suelta y tranquila...

Muy posiblemente su sistema inmunológico mejore. Se sentirá mas cómoda...
Además, se está perdiendo de algo muy
especial..." Al cabo de algún tiempo, ella
fue mostrando una clara mejoría, que tras-
ladó a su seno familiar, y aunque hubo
una encarnizada resistencia por parte de
algunos integrantes, fueron cediendo a la
propuesta de instaurar el contacto físico
como nueva pauta de expresión de afecto.

Nuestra manera de expresar
afecto es calamitosa. Recuerdo que cuando mi padre salía a caminar con sus hermanos hombres lo hacían cogidos del brazo, con una frescura envidiable. Una
usanza italiana, no trasladable a nuestra
cultura so pena de ser sentenciado de homosexual. En algunos lugares de Sura-
mérica, los hombres jóvenes se saludan
de beso en la mejilla. No abrazamos a los
amigos y amigas como quisiéramos, no
besamos a nuestros padres. Es más fácil
con los niños, ellos no enjuician. El dis-
tanciamiento de la prudencia ha dejado a
un lado el fervoroso "toqueteo" de la

ternura física. Nos da vergüenza. Nos ape-
na mostrar el bagaje animal de las caricias. El saludo inconfundible de dos señoras represoras que se quieren y aprecian
sinceramente, es tocarse el codo y agregar un lacónico, pero sonriente, "Qué hay
querida". Debe de ser porque el codo, el
peroné, la rótula y la tibia, carecen de todo
compromiso erótico. Otra forma sutil de
alejamiento son los "besos al aire". Las
personas acercan sus respectivas caras a
unos dos o tres centímetros y hacen un
ruido chasqueante con sus labios apun-
tando al horizonte inmediato. Una forma
de "descontacto" físico interesante, porque los damnificados están seguros, y ju-
rarían sobre una biblia, haber besado a la
otra persona.

Si tuviera mi madre viva me
gustaría sentarla en mi falda y contem-
plarla como a un bebé. Quizás sea demasiado, pero no me importa, a veces es
bueno excederse un poco en la expresión
de afecto. A muchas personas les gusta
acurrucarse en su pareja y acomodarse a
la curvatura del otro cuerpo. Como una

especie de nudo afectivo, cada parte va buscando su complemento. Y lo más maravilloso, ¡les gusta dormir así! La posición fetal adoptada por muchos de nosotros durante el sueño, produce en el observador un instinto de protección y cuidado. No pocos se han enternecido al ver a su cónyuge en posición fetal y sin cobija, pese a la terrible pelea de media hora antes. El cuerpo habla.

Y el cuerpo habla varios idiomas. Hubo un tiempo en que la vida del planeta dependía totalmente de la comprensión de ese lenguaje innato. Aunque las cosas han cambiado y la mayoría de esas señales han perdido utilidad adaptativa para el hombre, algunas permanecen en el DNA. Por ejemplo, el temblor cumplía la doble función comunicativa de alertar a los otros miembros del grupo sobre algún peligro inminente, o el reconocimiento de superioridad ante un competidor de la misma especie para salvar la vida. Los gestos de tristeza (cabeza baja, comisuras caídas, ojos tristes) son un aviso de "ayúdame", para que las personas

socorran al damnificado . El ceño frunci-
do que acompaña la ira indica que el sujeto está con toda su capacidad energética disponible. Cuando los "guapos"
sacaban pecho para alardear, era una clara reminiscencia ancestral del gorila líder.

En resumen, la expresión cor-
poral, con todo lo que ello implica, fue y
es el medio preferido de las emociones
para notificar su existencia. En el ser humano, a diferencia de otros miembros de
la escala zoológica, algunos de estos "viejos hábitos" han perdido funcionalidad
para el mundo contemporáneo, pero in-
tentan aflorar de tanto en tanto, cuando
la insistencia corporal puede más que el
censor mental.

Es en las parejas presas de enamoramiento donde el código natural primitivo del amor puede observarse en estado más puro. Arrumacos, sonidos
guturales, pómulo con pómulo, oreja con
oreja, mentón con mentón, miradas pe-
netrantes, interminables e incansables,
gestos extraños y desconocidos para la
cultura, y un sin fin de expresiones que

harían las delicias de cualquier voyerista platónico, configuran la materia prima del intercambio amoroso durante el enamoramiento.

En esta etapa aparece un ingrediente nuevo del lenguaje natural: el olor. Los adolescentes son catadores olfativos espontáneos de sus tragas. Una paciente que contrajo nupcias en la adolescencia me decía: "Recién casada, lo quería tanto... Cuando él se dormía, yo lo olía por todas partes... No era excitación sexual lo que me producía, sino placer oftativo... Me gustaba su olor... Además de hacerle el amor, yo lo aspiraba..."

El olor o el "humor" es una vía para trasmitir o eliminar la atracción. Conozco a más de una persona que se decepcionó después de entrar en contacto con el olor natural de su amigo o amiga. La piel también habla. El olor puede despertar disgusto, fastidio, excitación sexual, recuerdos arcaicos, placer y un conjunto de sensaciones importantes. No me refiero a los perfumes que use la pareja, sino a lo que ella huele realmente, a su "esencia". Cada quien posee su personal fragancia, la cual puede ser aceptada o rechazada por el receptor.

Lo que se exhala es recibido por el bulbo olfatorio de manera directa, es decir, es de las pocas sensaciones donde la corteza cerebral no interfiere. Es imposible dejar de percibir olores por pura voluntad, quiera o no quiera, mi nariz actuará. El acto olfatorio no parece necesitar de la razón: agrada o desagrada, y punto. La "química aromática" acerca o aleja. Pienso que los humanos poseemos la capacidad natural para detectar emanaciones de otros seres, atrofiada y menospreciada, pero aún viva. Olfatear a la otra persona, aspirarla, husmear en sus recovecos, fisgar en los extramuros y en cuanto rincón amoroso exista, es otra manera de amar.

El lenguaje natural del amor adquiere una bella significación en la sonrisa. A excepción de algunos primates muy avanzados en los que pueden hallarse gestos similares, es el hombre quien ostenta tan especial privilegio. En una investigación reciente realizada con niños de guardería, se vio que las madres que sonreían generaban más seguridad e independencia en sus hijos que las madres "consejeras", por no decir cantaletosas y "hablantinosas".

La sonrisa trasmite confianza, apoyo y amistad. El mensaje es: "Confío en ti" "Estoy contigo" "Eres importante" "Me preocupas" "Me gustas" y cien calificativos más. La sonrisa honesta, estoy descartando la mueca irónica, es quizás la única expresión facial que no deja lugar a dudas sobre su autenticidad. Cuando es falsa, se nota; se delata a sí misma porque poseemos, afortunadamente, el don de detectar falsificaciones faciales. Alguna habilidad especial, no consciente, nos permite descubrir la hipocresía gestual: no es lo mismo cuando ella "sonríe tiernamente", a cuando ella "estira elegante y elásticamente sus comisuras hasta descubrir la parte superior de su dentadura". Lo "tiernamente" es definitivo, no operacionalizable y encantadoramente poco científico (nada más aparente y postizo que la máscara congelada de un experto en diplomacia).

Sin modular palabra, la sonrisa habla demasiado. Podría ser considerada como la carta de presentación del amor. La Gioconda no sonríe: ama. La risa, en cambio, es producto de las cosquillas, lo inesperado, lo gracioso, e incluso lo torpe y grotesco. Pero la sonrisa sólo es concebible en el contexto de lo amoroso.

Rescatar el lenguaje natural, biológico y físico del amor, no es dejar de hablar, sino agregar al argot tradicional del elogio verbal (v.g. bellas palabras, alabanzas formales y los "te amo") la parte derecha de nuestro hemisferio cerebral y toda su fuerza emocional. Es completar la manera de expresar el amor. A la hora de explicitar esta gramática surgen ciertos comportamientos como: (a) contacto físico (caricias, besos, apretones, cosquillas, rascar, masajear, rozar, apoyarse, lamer, cargar, arrastrar, abrazar, arañar); (b) expresión facial, gesticulación, mímica, mirar a los ojos; (c) vocalizaciones paralingüísticas, es decir, carentes de contenido lingüístico significativo (tonos, sonido guturales, ruidos, suspiros, ronroneos, quejidos, gritos, tarareos); (d) olfateo o aspiraciones de las emanaciones o zonas del cuerpo de la pareja, eróticas o no; (e) sonreír.

No rechazo el discurso verbal de los enamorados. Lo que propongo es hablar "menos paja" y actuar más. La palabra no es la cosa. Sólo al comportarme holísticamente (la coincidencia de lo que pienso, siento y hago), encuentro el hecho real del amor. Soy un ser humano total. Si me fracciono, me descuartizo. Si me divido, el conflicto se apodera de mí. Volver al lenguaje natural es completar el vacío que nos ha impuesto la práctica irracional de vivir el amor interpersonal con reservas, estrechez y austeridad afectiva; es intentar romper la separatidad. Insisto, no pretendo que seamos cuerpos a la deriva, viviendo en cuevas y sin más motivación que lo intrascendente. Es precisamente en el advenimiento de nuestra humanidad más natural e inocente, donde hallaremos la posibilidad de hacer contacto con lo inconmensurable.

A Dios no hay que buscarlo en los claustros, en los guías espirituales, en las comunidades y sectas, en la superstición de los horóscopos, en los supuestos poderes de las piedras mágicas, en la milenaria alquimia o en los grandes pensadores, sino en el contacto directo con la realidad. Despertar a lo verdadero es volver a esa ancestral, pero sana costumbre, de ser uno con las cosas.

Chopra dice al respecto: "El cuerpo humano no tiene apariencia de un prado verde, pero las brisas de éste, sus arroyos cantarines, la luz del sol y la tierra tan sólo se transformaron en nuestro interior, no fueron olvidados". Más adelante continúa: "El cuerpo es inteligente, así que conoce este hecho, y cuando regresa a casa, a la naturaleza, se siente libre. Con un regocijo desbordante reconoce a su madre. Ese sentimiento de libertad y alegría es vital, ya que le permite a nuestra naturaleza interna mezclarse con la externa".

Rescatar el lenguaje natural del amor no es involucionar hacia lo salvaje, ni reducir el afecto a la expresión corporal, sino recuperar parte de aquellas raíces profundas para comunicarnos más allá de lo manifiesto.

Antes de la aparición del lenguaje hablado, el hombre no hablaba de amor, lo hacía. En el amor hay que actuar. Si reduces tu capacidad de amar a lo verbal, estarás acabando con lo más bello del amor: el aquí y el ahora fisiológico-afectivo.

Habla todo lo que quieras, si éso te gusta, pero agrégale la pimienta de tu primitiva y fantástica posibilidad corporal. Huele a tu pareja, explórala, descúbrele cuanta arruga, lunar y peca tenga. Acaríciala por delante, por debajo y por detrás. Sonríele, si te nace. Deja caer la máscara.

Expresa tu placer sin miedo al qué dirán, deja que tu piel se estire ante el alivio de un masaje en el cuello. ¿Cuánto hace que no acaricias a las personas que amas?, ¿cuánto hace que no coges la mano de tu pareja y te quedas así por un largo rato?, ¿cuánto duran tus abrazos?, ¿que tan intensos y sentidos son? El abrazo no es unas cuantas palmadas tipo "pésame" en la espalda de la víctima. El verdadero abrazo es "cuerpo a cuerpo", sin levantar la cola para evitar "toca algo indebido". Un abrazo es un bolero sin música, pegado, muy pegado.

Contempla a todos los que quieres, sin pena ni gloria. Puedes gritar si te place, emitir aullidos ante los arrumacos genitales de tu pareja, meterte debajo de su axila, enredarte en sus dedos, asfixiarte con un beso, en fin, puedes recuperar el lenguaje natural del amor corporal hasta donde se te dé la gana. Puedes rascar y que te rasquen, cambiar el tono de voz y "ronronear" como los gatos nocturnos, imitar al león o correr por el cuarto presa de alegría cuando te dieron la sorpresa de un fetiche casi olvidado. Puedes mirar a tu pareja desde distintos puntos de vista: por un binóculo, gatear su desvestida, desde un árbol, bajo la cama, viéndola trabajar o durmiendo. Puedes tocar sus pestañas y sus lágrimas. Bañarte en su sudor. Acariciar su cabeza hasta que se duerma. Morder aquí o allá. Besar sus pies, pintar sus uñas, vestirla y desvestirla. También, sin abrir la boca, puedes compartir el estimulante silencio de un atardecer, el bullicio insoportable de una telenovela o una película en matiné. Así, mientras vas y vienes, das y recibes, corres y te detienes, vas "actuando" el amor.

Y si después de todo lo anterior aún te quedan ganas de hablar sobre tu vida afectiva, hazlo; pero encontrarás que, pese a tus esfuerzos racionales, no tendrás mucho qué decir.

Algunos componentes del amor interpersonal

No es fácil determinar cuáles ingredientes son realmente importantes para que una relación afectiva sea satisfactoria y de buen pronóstico. Cada persona posee sus propios requisitos, necesidades y predilecciones. Lo que para un sujeto es determinante e imprescindible, puede resultar superfluo e inoficioso para otro. Mientras que para ciertos individuos la admiración es el motor de la relación, para muchos es sólo un aspecto más. Los conceptos de independencia, libertad y respeto pueden resultar muy distintos y a veces opuestos, de acuerdo con la educación previa. Aunque no haya acuerdo sobre la importancia relativa de los principios que deben regular una buena relación interpersonal, es posible establecer un núcleo de factores de los cuales no es fácil prescindir.

Algunas personas nos empiezan a gustar y no sabemos por qué. Nos vamos enamorando y cuando queremos verbalizarlo, ni idea. Tratamos de describir las maravillas de la persona amada y no encontramos qué decir. Sin embargo, detrás de la ignorancia que suele acompañar la experiencia afectiva existen, y/o existieron, diversos factores que permitieron la aproximación. No somos conscientes de ello, pero hubo determinados componentes cuya coincidencia facilitó la creación del vínculo. Algunas de estas variables son manejables y podemos detectarlas en lo cotidiano de la relación, pero un buen número de ellas permanecen ajenas a nuestro conocimiento y no son fácilmente modificables por la razón. Cuando se toca la fibra de lo psicológica o fisiológicamente vital, la relación comienza a reversar.

Algunas personas pueden transar la libertad o el sexo cómodamente, otras no. Lo importante para cada uno de nosotros es reconocer y saber a ciencia cierta qué cosa es esencial y sustancial y cuál no. El descubrimiento de estos componentes puede hacerse, según sea su arraigo, vía intelectual (valores psicológicos) o vía visceral (gusto fisiológico).

La experiencia del amor interpersonal es la que más insatisfechos reúne. Infinidad de voces de protesta señalan el cansancio, la aburrición, la depresión e insatisfacción frente al desengaño de un amor ideal nunca alcanzado y de una relación llevadera, pero no apasionante. ¿Será que no sabemos elegir a las parejas? Me he preguntado si realmente no fallaremos en seleccionar adecuadamente con quien vamos a compartir la vida. No es cualquier cosa, ¡es compartir la vida! Creo que, considerando la importancia de tal decisión, los criterios de elección tradicionalmente aceptados, así como la manera de conocer al futuro cónyuge, deja mucho qué desear. Sería interesante investigar si la gente se equivoca más en comprar apartamentos que en casarse. Nos asombraría el resultado. Pienso que le gastamos más tiempo y esfuerzo mental a elegir el hábitat (vecinos, ruidos, valorización), que al compañero o compañera.

Pensamos, equivocadamente, que para la convivencia el sentimiento es suficiente. Aunque existen casos aislados, en la mayoría de las escogencias importantes de la vida incluimos la razón, además del corazón. Nadie invertiría toda su fortuna en un negocio por puro "pálpito". Cuando adquirimos un bien cualquiera, además de agradabilidad y gusto, averiguamos su proyección en términos de beneficios y probabilidad de pérdida. Nadie invertiría en la bolsa porque le agradó mucho el color del logotipo de la empresa. Dejamos pasar por alto cosas inexplicables.

Una paciente me visitó porque al cabo de tres meses de casada "había descubierto" que el marido era homosexual; el tiempo del noviazgo había sido de cinco años y medio. La relación de novios debería servir verdaderamente para conocerse mejor, además de pasarla bien. En otras ocasiones, la manifestación de algún problema grave se subestima durante el noviazgo ya que "el amor todo lo puede". Los consultorios psicológicos están llenos de personas que creían en eso.

Para el intercambio amoroso la razón suele molestar bastante, para casarse es fundamental. El cuerpo para amar, el cerebro para contraer nupcias, y las dos cosas para convivir. He atendido en mi consulta a un sinnúmero de personas que no admiraban, respetaban o apenas deseaban a sus cónyuges. Lo más triste: lo sabían desde antes de casarse. Franklin decía: "Antes de casarte, abre bien los ojos; después del casamiento, ciérralos".

Si tal aseveración fuera fácil del llevar a la práctica, los terapeutas de pareja se morirían de hambre.

Volviendo a las preguntas principales: ¿Qué se debe tener en cuenta para que el amor interpersonal incremente su probabilidad de éxito?, ¿qué factores están directamente relacionados con la relación satisfactoria?, ¿qué variables determinan la aparición de la atracción afectiva? Aceptando el riesgo de dejar por fuera varios aspectos que puedan resultar importantes para muchas personas, y no pretendiendo reducir toda la experiencia afectiva a ellos, pienso que la buena relación afectiva requiere, al menos, de seis componentes: **deseo-atracción, admiración, humor-sintonía, sensibilidad-entrega, respeto y comunicación-honestidad.**

Aunque la experiencia profesional me ha enseñado que son imprescindibles para que el amor interpersonal prospere positivamente, el peso de cada uno de ellos variará de persona a persona, según sean su idiosincrasia, valores y expectativas; pero de una forma u otra, su presencia es necesaria. Los tres primeros (deseo-atracción, admiración y humor-sintonía) son, en parte, los responsables iniciales del amor interpersonal. Los otros tres parecen influir más, aunque no exclusivamente, en las etapas posteriores de convivencia en pareja.

Deseo-Atracción

Como tantas otras cosas que he nombrado anteriormente, la atracción-deseo parece cosa de magia. No es reproducible al arbitrio del consumidor. Es la famosa química y la vibración a cien revoluciones por minuto. La atracción, si se perpetúa en deseo, es la antesala a la locura y el impulso inexplicable que nos empuja a perder el control. Es el gusto por el otro y la desorganización hormonal. Es el "vicio", en el buen sentido, de estar con la otra persona por encima de todo. Y aunque los orientales y los psicólogos hemos "despotricado" contra el desenfreno animal del deseo de todas las maneras posibles, no queda más remedio que aceptarlo como un ingrediente de todos los amores humanamente intensos.

El deseo es motivación pura, energía concentrada. Es la forma socialmente menos criticada y envidiada de apego y desespero. Es tener ganas del otro, como un postre, el agua o el aire. Es sentir mariposas en el estómago ante su presencia. Incluso en dosis moderadas, la deseabilidad amorosa es inconfundible cuando aparece. Puede que haya "maripositas" en vez de mariposas, pero de todas maneras algo extraño ocurre en el estómago. Si me encuentro con mi pareja en un lugar inesperado y el asombro y la alegría no me invaden, no hay deseo. El cansancio no frena la atracción, sólo la posterga un poco, hasta las dos o tres de la mañana, pero al fin de cuentas aparece pese a los problemas de la vida, el trabajo, la adversidad cotidiana, el alejamiento y la preocupación. El deseo no solamente es sexo, sino "antojo" total.

¿Es el deseo incompatible con el amor universal? En principio parecería que sí, debido a que "desear" siempre implica cierto egocentrismo y, en consecuencia, un yo "merecedor". Pero, ¿es concebible un amor interpersonal sin deseo? Según la doctrina hinduista más profunda, un amor sin deseo es un amor sin motivo, un amor puro. En nuestra occidentalizada relación de pareja, sin las ansias del deseo, el ardor de la pasión y el apetito de la atracción, sólo queda el celibato afectivo y la deslucida costumbre de la rutina. El deseo es la llama, con humo y algo de intoxicación , pero ardiente, que anima la relación de dos. La atracción-deseo no es discutible, porque no es un concepto psicológico, una abstracción filosófica o una posición epistemológica, sino el hecho pituitario-suprarrenal (léase hormonal) de querer estar con alguien en especial, simplemente porque sí. La sencilla y simple inclinación por encima de la justificación racional.

Sin la fuerza del deseo, la relación afectiva terminaría encuadrándose en un escueto amor Tipo II: puro esfuerzo. Si mi pareja "no me provoca", cada día estaré añorando y anhelando sentir lo que

la atracción me ofreció en otra época: "de-
seando el deseo". Cuando hablo del "antojo", las "ganas" y el "gusto" por el otro,
me refiero a la atracción por "todo" el ser
humano. Es mucho más que la química
de lo físico. Es el magnetismo por la esencia y la persona en su totalidad: lo que
ella es. Es el "apetito" de estar con ella,
con o sin ropa, de pie o sentados, durmiendo o despiertos, de compartir su espacio, en otras palabras, de "degustarla".
Es como si se tratara de la comida predi-
lecta, siempre se está dispuesto a sabo-
rearla, y si en ese momento acabáramos
de comer otra cosa diríamos que no, pero
sólo momentáneamente. El hecho de no
tener hambre no elimina el gusto, simplemente lo posterga un poco, ya que la predilección no desaparece. En ciertas ocasiones, cuando no podemos deleitarnos
con el suculento plato, pedimos que nos
empaquen un poco para el otro día; sabemos que más adelante el deseo volverá a
despertar.

La atracción-deseo no es utopía. No hablo de una atracción a toda

hora, de gran intensidad, sobresalto e incapacidad para sobrevivir sin la media naranja, como la bioquímica que acompaña el amor Tipo I, o en los estados patológicos de dependencia y adicción amorosa. Me refiero a que la cuestión tenga candela propia. No debe existir necesariamente el ardor y la fogosidad desmesurada permanentemente (¡qué cansancio!), sino la hoguera encendida, con poco o mucho fuego, pero debe haber energía calórica disponible para que la máquina funcione.

La discusión está en si podemos avivar el fuego del deseo mediante recursos racionales o no. Frente a esta polémica, creo que el deseo posee su propia autonomía funcional. Si desapareciera del todo, las cenizas bien administradas podrían crear el espejismo de un cálido resurgir, pero no sería más que eso: una ilusión.

Soy escéptico ante la posibilidad de alguna experiencia tipo Ave Fénix. Por lo general, si el deseo se acaba y la pareja decide seguir adelante por distintas razones, se compensa la deficiencia resaltando otros componentes, con baterías de emergencia y a media máquina. Pero no nos engañemos, por más loable que haya sido el motivo de mantenerse juntos, es como pasar de un televisor a color, pantalla gigante y entero, a uno de ocho pulgadas, en blanco y negro y con sonido deficiente. La imagen alcanza a diferenciarse, pero la experiencia visual es muy diferente. Cuando alguien ha visto la luz, la penumbra comenzará, tarde que temprano, a agobiarlo. Si el deseo-atracción se muere, hay que replantearlo todo. Algunos escapan despavoridos, otros se esconden bajo el manto de la resignación y los más valientes, optimistas y testarudos al fracaso, comienzan el proceso de resucitación.

Admiración

El deseo no tiene por qué estar necesariamente relacionada con la admiración. Muchos hombres admiran a Teresa de Calcuta, pero no sienten atracción física por ella. Muy probablemente ocurra lo contrario cuando se trate de Miss Tanga Brasilera. Sin embargo, deseo y admiración no son excluyentes. Cuando van juntos son una verdadera explosión nuclear. La admiración ante alguna característica, virtud o rasgo de la persona es importante, pero no alcanza para que se dé el hecho de amar. La admiración en el amor interpersonal requiere del encanto y la fascinación por la valía personal del ser amado. Aunque su definición se dificulta, ya que el mecanismo de fondo es automático y no verbalizable, siempre implica un reconocimiento impregnado de asombro y una envidia de la buena. Sin llegar a los extremos del culto a la personalidad, la admiración por la pareja conlleva un sentimiento de orgullo por estar a su lado: "Me siento orgulloso de que seas mi pareja".

Puede haber admiración sin amor, pero es difícil concebir el amor sin la primera. Para muchas personas, cosa que comparto, les resultaría imposible enamorarse de alguien a quien no admiran en su humanidad. La valoración positiva de la pareja es imprescindible. Si no se valora a la persona supuestamente amada, pues no se ama. Al igual de lo que ocurre con el deseo, la admiración no es fácilmente fabricable. Aprender a admirar es complicado, porque de todos modos, aunque su estructura lleva un factor mental-racional, lo afectivo posee un peso importante. Lo que sí puede hacerse es descubrir que estaban ocultas cosas en la pareja, con la esperanza de que allí se desarrolle algún tipo de encanto. Pero encontrar atributos positivos no es suficiente para que la admiración aparezca: ésta requiere de cierta pócima de éxtasis. El rasgo o la condición reconocida como especial debe generar algún deslumbramiento, sin llegar, claro está, a la ceguera del seguidor fanático, para que la magia de la admiración haga su aparición.

Además, no todo tipo de virtud es necesariamente admirable por la mayoría. En esto también hay gustos personales. En mi adolescencia tenía una novia, de origen español, llamada Clarita, de familia muy tradicional y conservadora. Mi "futura suegra" tenía la costumbre de bordar dos días a la semana con sus tres hijas. Mi visita consistía en sentarme, junto a otro "futuro yerno" de una de mis "futuras cuñadas", a comer pastelitos de membrillo, tomar té y oír cuentos sobre la guerra civil española. Recuerdo que en esos costureros la señora resaltaba orgullosa lo que consideraba eran las enormes cualidades de Clarita: "Su mano para bordar", "su contra-alto en el coro", "el color de su piel ", "el parecido con su abuela materna ", "su altura", "como tocaba de bien las castañuelas", "el orden y la mesura" y, el mayor de los reconocimientos: "Jamás me ha faltado al respeto". Me pasé dos años tratando de que esos valores me produjeran el impacto que teóricamente debían producirme, pero nada logré. Yo admiraba de Clarita cosas totalmente diferentes y muchas veces opuestas a lo que su madre veía en ella. Su habilidad para mentir, su picardía y astucia, la manera de abrazar y besar, su mano para la paella, la alegría, la pasión por España, la vitalidad y su desorden mental bien llevado, eran para mí un constante motivo de asombro y entusiasmo. Hasta hoy me pregunto como una persona podía cargar en su interior tanta energía bien repartida. En otras palabras, ella era como una loca simpática y apasionante, disfrazada de doncella. Una faceta desconocida por su madre, pero que ejercía en mi adolescencia una fascinación contagiosa. Me sentía honrado, en el sentido no humillante, de que ella fuera mi novia. Amaba su chispa, o para ser más exacto, admiraba su manera de ser.

El concepto mismo de virtud no escapa al relativismo cultural. En ciertos subgrupos la admiración está centrada en el atractivo físico (aunque pueda sonar absurdo, se "admiran" unos bíceps, la pantorrilla o el tamaño de las uñas) . En otros sectores de la población la situación económica y la capacidad para generar dinero prevalece marcadamente sobre otras cualidades (la gran mayoría de las personas hablan maravillas de aquéllas que consiguieron carro, casa o beca en un tiempo récord). En las pandillas callejeras, el número de víctimas o el desafío de la muerte pueden resultar un atributo fascinante y digno de respeto. En la vida académica, la producción científica; en los lamasterios, la vida espiritual; en los estafadores, la capacidad de engaño; en la diplomacia, la astucia; en fin, cada cual con su predilección.

Sentirse admirado es tan importante como admirar. Una paciente médica casada con un reconocido y exitoso cirujano, me comentaba con lágrima en los ojos: "Yo aún lo admiro. Me parece la persona más estudiosa, seria y responsable que conozco... Lo valoro como profesional... Como padre no tengo nada qué decir... Pero yo también necesitaba ser admirada... Siempre tuve la sensación de que él no se maravillaba con nada de lo mío... No era la crítica o el regaño, sino que jamás se sorprendía por nada, y yo necesitaba que él se descrestara con algo mío..."

La admiración es la fuente de donde se alimentan los elogios, los refuerzos, los incentivos y el empuje para decir "cosas lindas". Mi paciente no se sentía admirada y, por lo tanto, no se sentía amada. El marido no la admiraba, en consecuencia, no tenía mucho qué decirle, y cuando lo hacía era el comentario frío y mecánico de quien describe las cualidades de un objeto cualquiera. Faltaba el ingrediente de la emoción, el condimento, el entusiasmo de quien verdaderamente ama con admiración.

Humor-sintonía

La sintonía se refiere a esa especie de "química mental", a ese coincidir en gustos y preferencias, al menos en cantidad y calidad suficientes como para sentirse del mismo bando. Es vestir la camiseta del mismo equipo. El acoplamiento en la misma onda es un requisito básico para andar de la mano y sentirse compinches. No hablo de la coincidencia absoluta, lo cual es aburrido además de imposible. Me refiero a compartir el disfrute y los intereses, aunque no se posea la misma habilidad.

La sintonía marca también una

disposición a "encarretarse" con los "encarretes" del otro y explorar, si es posible, cierta coincidencia vocacional. De todas maneras, habrá cosas que definitivamente nos producen disgusto por más que lo intentemos. Trabajarle a la compatibilidad exitosamente, casi siempre implica un terreno previo de "raíces compartidas" en algún nivel. El aprendizaje social nos imprime la marca, o el rayón, de preferir ciertos intereses sobre otros. He visto a más de una persona tratar inútilmente de que le guste algo para lo cual no están hechos. Sencillamente no va con ellos debido a que no han sido educados en el contexto propicio para que la preferencia ocurra. A veces ni siquiera son dialectos de un mismo idioma. Sin embargo, pese a la gran dificultad que ello entraña, no niego la posibilidad de reaprender, descubrirse y avanzar con la pareja hacia una mejor resonancia, siempre y cuando el desajuste no sea sobre aspectos vitales.

La sintonía es una manera de hablar bajo cuerda, es mirar determinado hecho y sonreír a coro porque se captó aquéllo que sólo los que están de esta orilla pueden ver. Y pese a la diferencia de matices, el color no cambia. Es sorprenderse al unísono, pero no necesariamente con igual intensidad. Es disfrutar del mismo chiste, burlarse del mismo estúpido e indignarse del mismo atropello. Es sentir que jamás se está con el enemigo o algún extraterrestre. Es navegar en el mismo barco. En la buena sintonía no hay mucho qué explicar y demasiado para compartir.

Cuando la coincidencia sobre lo fundamental es escasa, la hecatombe ocurre. La tarea de la convivencia se convierte en agotadora. Hay que explicar, aclarar y traducir permanentemente los hechos para evitar y/o solucionar los malos entendidos. El desgaste psicológico sobreviene irremediablemente, ya que las cosas más simples se convierten en discusiones y debates intranscendentes. Lo obvio comienza a requerir demasiada inversión de energía. La buena sintonía optimiza la utilización del tiempo y fomenta el antiestrés. La mala sintonía can-

sa y produce desamor. Eso de que los polos opuestos se atraen, es verdadero para
la física clásica; en el amor es dudoso. En
las relaciones afectivas, los polos opuestos terminan por alejarse.

Recientemente un buen ami-
go me presentó una mujer que, según
su "ojo clínico", era mi alma gemela.
Nuestras respectivas fichas técnicas
mostraban un sincronismo interesante.
En mi primera salida la invité a un res-
taurante de comida italiana. Mientras
nos tomábamos unos aperitivos hicimos
un buen contacto, la comunicación era
fluida, agradable y carente de esos si-
lencios mortificantes. Existía empatía y
un clima próspero. Durante la media
hora inicial llegué a pensar que mi amigo poseía realmente dotes de un buen
cupido. Pero aconteció un hecho impre-
visto cuando decidimos leer el menú.
Ella me pidió que le sugiriera algo especial. Yo, con la suficiencia proteccionis-
ta del experto, le contesté que los "raviolis cuatro quesos " eran algo que valía
la pena saborear. Luego de pensarlo un

rato me miró por el rabillo del ojo y preguntó con la mayor inocencia: "¿Qué es ravioli?" Creo que reconoció en mi rostro cierta sorpresa porque se apresuró a agregar: "Es que no soy muy amiga de las pastas... Prefiero una carne asada con papitas a la francesa". Luego, con una bella sonrisa y un gesto satisfecho de "misión cumplida" cerró la carta. Al cabo de unos segundos, cuando mi mente divagaba en recuerdos infantiles de albahaca fresca y tomate (una versión mediterránea de _Olor a Guayaba_), insistió: "¿Me explicas que es un ravioli?" Reproduzco a continuación parte del diálogo anticulinario.

Yo: — Pues, es una especie de almohadita rellena...

Ella: — ¿Cómo así?

Yo: — Son dos tapas cuadradas.

Ella: — ¿Como una empanada?

Yo: — Bueno... No exactamente... Es más pequeño y la masa no es de maíz sino de trigo.

Ella (cada vez más inocente): — ¿Y eso a qué sabe?

Yo: — Depende del relleno

Ella: — ¿Con qué la rellenan?

Yo: — Hay de carne, pollo y espinaca...

Ella (haciendo un mueca): — ¡Me aterra la espinaca! Mi mamá me obligaba a comerla en sopa... Horrible.

Yo: — A mí me encantaba la espinaca. Era lo que hacía fuerte a Popeye... Claro que a los raviolis de espinaca también les agregan ricotta y salsa por encima.

Ella: — ¿Ricotta?

Yo: — Queso...

Ella (riéndose): — No me imagino unas empanaditas con espinaca, queso y salsa... No hay como la comida descomplicada... Definitivamente hay que ser práctico, la vida moderna requiere cada vez menos sofisticación, ¿no te parece?...

Yo: — ¿Te gusta mercar?

Ella: — Me aterra

En ese instante, de manera inmediata, como un relámpago, los afectos ancestrales habían creado un abismo infranqueable. Mi educación italiana, posiblemente debido a los rigores y la hambruna vivida por mis padres en la Segunda Guerra Mundial, giró alrededor de la mesa. Comer en mi casa era un ritual. La alimentación cotidiana adquiría una dimensión especial, era más que atiborrarse para subsistir. Era una gracia, un arte comible por su autor. La comida era el punto de unión, el momento de las filosofías, los desacuerdos y las polémicas sobre los chismes más importantes. Había que honrar la mesa.

Como consecuencia natural de tales costumbres, mi principal pasatiempo es cocinar, hacer encurtidos especiales, rastrear vinos, ensayar nuevos platos, mercar y reproducir una de las añejas recetas que no aparecen en ningún libro y que fueron orgullo y distintivo de aquellos viejos y cansados inmigrantes. Dentro de este contexto de tradiciones y raíces gastronómico-afectivas, mi supuesta "alma gemela" pretendía reducir la artesanía del fogón y mis papilas gustativas al mecánico acto de masticar y embutir. La practicidad del modernismo va ejerciendo en ciertas personas una degeneración en su capacidad de disfrute hasta plastificar los sentidos, paladar incluido. Y mi circunstancial compañera era demasiado práctica y ejecutiva para mi gusto. Pese a ser muy querida, discrepábamos en un punto crucial y, en tal sentido, no éramos precisamente como "agua para chocolate". El ravioli terminó conviertiéndose en una cuestión de honor: no negociable e intransable.

Uno de los principales indicadores de que el dial está en el punto adecuado, es el humor compartido: la risa es al camino más corto entre dos personas. No hay nada más absurdo que tener que explicar un chiste. La chispa, la agudeza y el "tiro fino" son una cualidad envidiable, pero saber detectarlo y disfrutar de ellos, también. La capacidad de reír es una virtud y el mejor remedio para las enfermedades de la mente y el cuerpo. El buen humor revive al niño que llevamos dentro. Desgraciadamente, no creo que sea educable. Es imposible enseñar el doble sentido y lo gracioso. Para algunas personas, el humor, la broma y la chanza, no existen.

Un señor de edad había sido remitido a mi consulta con diagnóstico de _ansiedad generalizada._ A lo largo de algunas citas pude darme cuenta de que mi paciente era una persona extremadamente seca y adusta. Tomaba la vida demasiado en serio. Nunca se reía. La realidad era analizada con la frialdad del ordenador. Un realismo crudo y desabrido le impedía cualquier tipo de juego. Incluso el cine le parecía desagradable porque "no era real". No había fantasía en su mente. Las gracias de sus nietos no le hacían ni cosquillas. Como era de esperarse, la carencia de humor se transformaba en "mal humor" y era considerado por sus familiares como un viejo cascarrabias. La convivencia con él era lo más parecido a un retiro espiritual en el Tíbet. Su estilo de procesar la información carecía de la capacidad de leer entre líneas. El chiste no existía en su repertorio y nada le divertía en forma. Su mayor entretención era ir a la feria de ganado y oír las noticias. Sufría de una especie de alexia a la gracia.

Le expliqué que era necesario sazonar la vida con algo de sal y pimienta. Que salirse de la cruda realidad de vez en cuando era bueno y relajante. Una actitud burlona y mordaz frente a los problemas, con algo de jovialidad y descomplique, podrían producir un nuevo enfoque. El humor suaviza, la seriedad extrema produce aspereza. A regañadientes aceptó el reto y a lo largo de varias citas me propuse, tozudamente, crear en mi paciente un sentido del humor del cual había carecido. La clave era ser menos trascendental y tratar de comprender por qué se reía la gente. Al cabo de varias semanas, cuando mi esperanza estaba por decaer, descubrí que el humor negro ejercía sobre él cierto impacto. Decidí contarle entonces el siguiente chiste: «una señora se queja a su vecina diciéndole: "Su hijo es un mal educado, le acaba de sacar la lengua a mi hijo". La vecina le contesta: "Esas son cosas de niños, no le demos importancia". A lo cual la señora responde: "¿Cosas de niños?... ¿Y cómo le paro la hemorragia?"» El señor me miró con cierta extrañeza y lentamente su cara fue adquiriendo un gesto de profunda consternación. A la par, mi sonrisa inicial sufrió una metamorfosis cuasi Kafkiana hacia un mueca de preocupación. A nuestro intercambio de expresiones siguió un minuto de silencio hasta que el señor, realmente impresionado y luego de un suspiro entrecortado, dijo: "¡Dios mío!... ¡Qué horror!... ¡Es realmente espantoso!"

El sentido de humor no requiere de un elevado cociente intelectual o estudios de postgrado. Sólo es cuestión de querer dejar salir a jugar la fantasía. En el chiste, la lógica se desbarata y la irreverencia hace su agosto. Por tal razón, el humor es la esencia de la química mental y la manera más alegre y creativa de entrar en sintonía.

Sensibilidad-entrega

La preocupación real y auténtica por el bienestar de la persona que se dice amar es ineludible cuando de amor verdadero se trata. Si la receptividad afectiva se acompaña de generosidad, desprendimiento y sacrificio, estamos frente al famoso estilo altruista. El altruismo se opone al egoísmo del narcisista porque éste, al pensar tanto en sí mismo, se insensibiliza frente al sufrimiento de la humanidad. No comprende el dolor ajeno porque es incapaz de descifrarlo. Odia sufrir por causas distintas a las propias. Contrariamente, la persona altruista es dadora de amor debido a que comprende, siente y percibe al ser humano como parte de sí misma. La actitud de servicio y amabilidad respetuosa que acompaña el amor interpersonal sano lo engrandece porque lo sensibiliza. Cuando el verdadero amor golpea, los umbrales del individualismo descienden, claro está, hasta donde la autoestima permita.

Saber compartir es supremamente difícil en una cultura que se basa en la competencia y el desespero acaparador. Cuando nuestros hijos son desprendidos y poco egoístas, los tildamos de irresponsables: "Debes aprender el valor de las cosas... Te prohibo que regales tus juguetes". No importa quien sea el receptor, la tendencia general de la posesión personalista nos deja la sensación de que hay, de todas maneras, una apropiación indebida. La avaricia no parece ser muy compatible con la sensibilidad por el sufrimiento y la entrega desinteresada. No estoy pregonando la utopía de la igualdad absoluta, la caridad limpiadora de conciencia o la demagogia de hacer el bien a toda hora. Me refiero a la pura y simple sensibilidad, la capacidad de impresionarse y reaccionar a la infelicidad o la felicidad ajena. Ponerse en los zapatos emocionales del otro y activar la entrega.

Si me considero merecedor más de la cuenta, la indiferencia y el aislamiento afectivo se apoderarán de mí. No entenderé el lenguaje del prójimo ni el de mi pareja. No acudiré, reprocharé y criticaré, pero no seré capaz de vivir sus preocupaciones como si fueran mías. Y esto no significa "hacerme cargo" de los problemas que la otra parte debiera solucionar, sino colaborar si se me necesita. "Si te sientes mal, cuenta conmigo... No me haré responsable, pero te apoyaré..." La consigna de "enseñar a pescar y no regalar pescados" es sana y aconsejable, ¡pero tampoco se trata de que se muera de hambre para que aprenda! No soportar las pataletas y las exigencias irracionales de la pareja es una cosa, pero la indiferencia a sus necesidades reales y objetivas es muy distinto.

La sintonía debe existir también para los momentos malos y difíciles. La "liberación afectiva" no es, tal como afirman algunos fanáticos, adoptar la posición imperturbable (casi siempre petulante) de estar por encima del bien y del mal. Ser indolente con la persona que se dice amar es absolutamente esquizoide, contradictorio e incomprensible para los principios del amor realista. Una cosa es rechazar el mito de la incondicionalidad idealista que nos han inculcado, y otra, el adormecimiento y la apatía.

Ponerse en el punto de vista de la persona que uno ama requiere algo más que el juego intelectual de descentrarse con cara de consejero matrimonial. La corteza cerebral no es suficiente: los huesos, las vísceras y hasta el ADN, deben participar intensamente. El reconocimiento afectivo es un acto de aceptación y amor. No es lástima, sino consideración. En situaciones de dolor y sufrimiento, el amor sensible produce un estado de "conmoción compartida" donde no hace falta hablar. En muchas ocasiones la mejor ayuda es permanecer en silencio, como una sombra o un poste, y dejar constancia muda de que se está ahí. Sólo eso. Cuando las lágrimas de dos personas que se aman se confunden y entremezclan, acontece algo especial. Una enorme energía se desprende de ese dolor compartido: en comunión.

Si el amor es sincero no hay inventarios que hacer ni contabilidad que revisar. Cierta vez, una señora de avanzada edad, al terminar la consulta, me invitó a dar unas conferencias en la casa de adopción de la cual era presidenta. Acepté gustoso y le expuse mi intención de colaborar gratuitamente con este tipo de instituciones. Ella agradeció efusivamente mi cooperación: "Me alegro de

que haya gente tan altruista como usted...
Yo lo hago con gusto, pero no vaya a creer
que es una tarea fácil... Buscar donativos,
ir por el mercadito de los niños... A mi
edad no es tan fácil... No es nada cómodo, pero usted sabe que Dios no olvida a
los que ayudan... ¡Es tan bueno tener la
conciencia tranquila!... Si la gente supiera
la paz que uno siente cuando auxilia a un
necesitado... Yo no le temo a la muerte,
estoy a paz y salvo con Dios... Nada debo,
nada temo... Dios se lo pague doctor".

Al irse quedé profundamente
consternado. Pese a las buenas intenciones, su actividad caritativa estaba demasiado contaminada por la expectativa de
retribución. Su idea de la caridad era
lo más parecido a un corredor de bolsa.
Dentro de los beneficios potenciales ob-
tenidos por mi paciente estaban: la conciencia tranquila, la paz interior, el agrade-
cimiento de Dios (¡nada más ni nada
menos!), un salvoconducto moral, y un
codeudor celestial del cual yo debía esperar un pago. Un análisis más detallado
mostraría otras formas sutiles de "interés

corriente", como necesidad de aprobación, sentirse buena, evitar el castigo eterno, etc. En una cita posterior le sugerí que embelleciera su labor humanitaria (la cual era sin duda alguna útil e importante para los niños desamparados) sin esperar nada a cambio. El bien por el bien. Le cité un texto de Krishnamurti:

"Todos adoptamos posturas; todos queremos algo, andamos a tientas en busca de algo, cosa que requiere esfuerzo, pugna, disciplina. Pero me temo que ninguna de estas cosas abra la puerta; lo que sí la abrirá es comprender sin esfuerzo; simplemente mirar, observar con amor, mas no podéis tener amor si no sois humilde; y la humildad sólo es posible cuando no queréis ninguna cosa, ni de los dioses ni de ningún ser humano".

Luego de pensar unos segundos, ella asintió diciendo: "Es verdad... Debería ser así... Es cierto... Pero ya estoy vieja para cambiar..."

No estoy hablando de renunciar a las consecuencias positivas que ocurran naturalmente al brindar ayuda, lo que critico es la ambición consciente y la doble intención de esperar obtener alguna gratificación.

De igual manera, la preocupación por la tranquilidad de la pareja debe producirse independientemente de lo que se obtenga. Por definición debe estar libre de todo compromiso, al margen de ganancias potenciales y sin beneficio de inventario. Y no es una actitud romántica e idealista. Si alguien alguna vez ha sentido compasión, sabe a qué me refiero. La ternura no es un problema contable. La experiencia clínica me ha demostrado que cuando una persona es indiferente al sufrimiento de su pareja, el esfuerzo, la voluntad y los buenos propósitos, no modifican fundamentalmente la actitud lisa de la indiferencia. Puede disfrazarse un tiempo, pero en cualquier momento hay recaída y la insensibilidad reaparece.

Si la entrega produce algún tipo de ganancias secundarias, pues se disfruta; el estoicismo está pasado de moda. Pero buscarlas ex profeso corrompe la relación. "Me preocupas tú..." "Quiero que estés bien..." "Cuenta conmigo para lo que necesites..." "Me duele tu dolor..." "Me gusta verte contento", etc. Cuando el amor está presente, estas expresiones brotan desde dentro, natural y espontáneamente, no requieren de ningún tipo de entrenamiento psicológico o curso de crecimiento personal. Se reacciona al sufrimiento de manera refleja e inconsciente. No hay nada que preparar: el amor conlleva su propia disciplina.

En resumen, la sensibilidad-entrega es la capacidad de ser un buen receptor afectivo, obviamente sin llegar a ser dependiente, y un buen dador, sin caer en el servilismo. Preocuparse por la persona que se ama no implica abandonar las propias necesidades. La compasión nada tiene que ver con el suicidio deprimente del sumiso. En la práctica real, la sensibilidad hacia el dolor de la pareja suele flaquear donde los principios personales comienzan. Ninguna persona sana compartiría la tristeza de su pareja de no haber matado a nadie en las últimas veinticuatro horas.

La sensibilidad-entrega tampoco se refiere a cuánto voy a recibir a cambio. Sólo habla del interés por la humanidad de la persona amada. Así como el deseo y la admiración no requieren necesariamente de la condición de ser deseados o admirados para que el hecho se dé, el altruismo no requiere de reciprocidad. La compasión no es el resultado de cuanta consideración he recibido en el pasado; cuando el vínculo afectivo es fuerte, aparece como un acto de conmiseración, independiente de agravios o recompensas.

Si las alegrías de tu pareja no provocan sonrisa alguna en ti, si no te apenan sus tristezas, si no te asustan un poco sus miedos, si no te angustian sus inseguridades, si no te interesan sus pasiones, si no te contagian sus preocupaciones, si eres impermeable a sus insomnios, si no te duele su dolor, si cuando te necesita no actúas, si te alejas cuando se acerca con problemas, si sólo das cuando te da, si desconoces lo que ella piensa y siente, si careces del radar afectivo para comprender y de los recursos para socorrer, no hay duda: el desamor ha hecho mella. Y no es abnegación obsecuente lo que te propongo, sino la posibilidad de estar en contacto con la persona que dices amar, para luego, sin pretextos, máscaras o evitaciones, ver hasta dónde llega tu altruismo.

Respeto

El irrespeto es mucho más que el clásico insulto o la temible agresión física. El atropello psicológico suele exceder lo evidente y adquirir características sutiles, difícilmente escrutables. La punzante ironía puede ser mucho más cruel y dañina que un golpe en la barbilla. El sarcasmo ha cobrado tantas o más víctimas que el asesinato a mansalva. La subestimación, el engaño, la dominación, la explotación, la burla, la desatención, la mentira, sólo por citar algunas, reflejan la gran batería de que disponemos los humanos para herir y lastimar la autoestima de nuestro prójimo.

En una sociedad tan abierta y descaradamente maquiavélica, el fin justifica cualquier cosa. Nos hemos acostumbrado a ver la estratificación de privilegios como algo natural, valedero y aceptado por todo el mundo. Violar los derechos de las otras personas puede llegar incluso a ser motivo de admiración por los ladrones de guantes blancos y los negociantes experimentados en el arte de engatusar. No importa cuantas cabezas caigan, si la meta es necesaria, todo es justificable. Es la ley del más apto o, lo que es lo mismo, la mortalidad del más débil. La inocencia es fragilidad, el respeto es acomodaticio y la capacidad destructora se premia.

Una de las formas socialmente más aceptadas de promocionar la violencia psicológica y el irrespeto a los demás es por medio de las "tiernas" e "inofensivas" tiras cómicas, impresas o filmadas. Si uno se detiene a observar minuciosamente el contenido de Bugs Bunny, el Correcaminos, los Simpson y el Pato Donald, experimentará la misma sensación de ver una película policial donde ganan los malos. Mis padres me prohibían ver *La Caldera del Diablo* y me regalaban la revista del Pájaro Loco: un pájaro totalmente loco, cuya mayor diversión era molestar y azuzar porque sí a los demás, hasta lograr que perdieran el control. Además de ser un sociópata, el pajarito siempre se salía con la suya. ¿El mensaje?: "La violencia injustificada es buena y recomendable".

Una de mis pacientes había prohibido terminantemente a sus hijos ver dos series de televisión para adultos: Dallas y Dinastía. Cuando le pregunté qué programas les dejaba ver, me contestó con seguridad aplastante: "No me venga doctor con las tendencias modernas de dejar a los niños hacer y ver lo que quieran sin supervisión de ningún tipo. Mi deber como madre es velar y fiscalizar la influencia a la que están sometidos... ¡Ni Dallas ni Dinastía!... Hay otros programas como los Magníficos o lo Pitufos... ¿O me va a decir que son más peligrosos?"

Mi respuesta no se demoró ya que hacía poco tiempo había dirigido una tesis de grado sobre la agresión en los programas infantiles. Le resumí así los resultados hallados: "Los magníficos son cuatro personajes especialmente peligrosos. Aníbal Smith es un psicópata adicto al peligro y las emociones fuertes, y un fumador compulsivo; no sé si se habrá percatado alguna vez de su pronunciada risa mientras dispara al enemigo. Mario Baracus es un manojo de músculos, una apología a la fuerza brutal y al exhibicionismo más pueril, además de presentar un cuadro de fobia a volar. El tercer protagonista es un mujeriego empedernido, estafador y corrupto, que se aprovecha de la debilidad de las mujeres. Finalmente, Murdoc es psicótico, vive en un hospital mental y se escapa cuando lo necesitan. El caso de los Pitufos es más sutil. Ellos conforman una estructura patriarcal, obsoleta y machista, sólo hay una mujer, son absolutamente dependientes unos de los otros y cuando tienen un problema se confunden tanto que deben ir a consultar un libro donde todo está escrito, muy pocas veces generan soluciones novedosas y creativas... Como ve, tanto en los Magníficos, como en los inocentes Pitufos, se infiltran valores, costumbres e ideologías que escapan al control de los padres. Podríamos decir lo mismo de casi toda la programación infantil... Para colmo, cuanto más identificado se vea un niño con el personaje, más tenderá a imitarlo". Ella contestó: "Estoy más confundida que antes... No sé qué es peor... Que imiten a Mario Baracus o a J.R..."

Lo que quiero señalar con este relato es que los modelos inadecuados, susceptibles de ser imitados por los niños, están por todas partes. En esta especie de selva antinatural, donde el bombardeo informacional desde la niñez es impresionante e incontrolable, no debe extrañarnos que se filtren impurezas subliminales de todo tipo, pese a la buena voluntad de los padres. A mi entender, y en lo que al aprendizaje de valores se refiere, puede ser tan peligroso Mac Pato como las películas para mayores.

El valor del respeto es una intención permanente de enaltecimiento a la vida. El respeto se manifiesta en uno mismo, en los congéneres y en la naturaleza. El respeto se aprende, se vive, se internaliza y se reconoce en todo el contexto social al cual se pertenece. Una vez más, y desgraciadamente para los inconsecuentes, es un problema de calidad total.

El respeto va de la mano del amor. La tala indiscriminada es incompatible para alguien que en verdad ame el planeta. Un canario encerrado en una jaula o un perro inofensivo con bozal producirían indignación en cualquier amante de los animales. Tal como consignan los taoístas, el amor respetuoso no se inmiscuye en las esencias de las cosas con la idea de hacerlas a imagen y semejanza. Nadie puede criticar la manera de volar de un pájaro porque las aves no vuelan bien o mal, simplemente lo hacen. El respeto comienza con la comprensión fundamental de la no intervención y el reconocimiento de los derechos ajenos, obviamente salvaguardando los propios, de lo contrario entraríamos en los áridos terrenos de la sumisión. Por definición, el respeto sano es recíproco.

Dejar ser, intentar la mayor aceptación posible de la otra persona, no dañar ni lastimar, propender a la libertad de la pareja, con todo lo que ello implique, es amar respetuosamente.

Como se desprende de lo anterior, el egoísta-narcisista no ama porque no concede el derecho a ser libre. Descaradamente elególatra explota y transgrede el territorio de la dignidad ajena. Sin miramiento alguno, acomoda las reglas a su propia conveniencia, desvirtuando el sentido más determinante del acto de amar.

Un paciente me decía: "Ya no soy el mismo... Por darle gusto a ella ya ni sé qué quiero realmente... Me corté el pelo, afeité mi bigote, cambié de música... Ella me ha ido adaptando a su ideal de marido... Pero no soy así, ¿me entiende?... Si ella no me acepta como soy, pues no me quiere..." Muchas personas sufren de una "desfiguración interior", la cual va mucho más allá de las liposucciones y los senos artificiales. La transfiguración psicológica, que como prueba de amor exigen algunos desconsiderados, destruye la propia valoración personal. Darle gusto a la pareja y disfrutar con ello es encantador, pero convertirse en un fetiche ambulante, perdiendo la propia idiosincrasia, es otra cosa.

Si la personalidad del "ser" supuestamente amado no se acepta, es hora de ir pensando qué hacer: "La mona, por más que se vista de seda, mona se queda". Sugerir un nuevo "look" es tolerable, pero pedirle, por ejemplo, que mejore su olor natural es imposible, además de inaceptable. Algunas personas proponen tantos cambios en su pareja que, de poder llevarse a cabo, ya no se trataría de la misma persona. Una relación que requiera imprescindiblemente de arreglos, adornos y maquillajes especiales para mantener el vínculo es, presumiblemente, culpable de desamor. Este tipo de "reconstrucciones" suelen acabar en la versión moderna de Frankestein: una colcha de retazos mal distribuida.

Caer en el irrespeto afectivo es supremamente fácil. En el contexto de las peleas, los ánimos alterados hacen decir cosas de las que nos arrepentimos casi inmediatamente. Esos picos de ofusque son subsanables si el perdón sincero interviene. Sin embargo, si la falta de respeto se reitera frecuentemente, las disculpas pierden su efecto terapéutico. La herida se sostiene a sí misma y comienza un proceso de deterioro afectivo que en muchos casos es irreversible.

Una forma muy común de irrespeto, pero que suele pasar desapercibida, es la desconfianza. Si no creo en mi pareja, si no confío en ella, si dudo, no soy respetuoso, porque ofendo su amor propio. Confiar es entregarse. Tu pareja, al igual que cualquier otra manifestación de la vida, requiere que la respetes. No intentes alterar la huella que imprime su exclusiva manera de ser. Si quieres sugerir modificaciones en el acabado exterior o en algún comportamiento que te fastidia, hazlo, después de todo es tu derecho. Sin embargo, no exijas ni violentes su naturaleza. No presiones su esencia. Si la persona que dices amar te provoca fastidio, intolerancia y disgusto, debes cuestionar el amor que sientes por ella. De hecho, nadie se enamora de las células de otra persona, sino de la inteligencia y el hálito que las pone a funcionar.

Quizá te has estado engañando a ti mismo o, a lo mejor, eres una persona demasiado quisquillosa, cansona y demandante. Tú no eres más importante que tu pareja. No tienes por qué tener más privilegios que ella. La subestimación es el lugar donde germina el irrespeto. ¿Escuchas a la persona que amas cuando te habla? ¿Menosprecias sus intereses y necesidades? ¿La atacas? ¿Le reconoces sus derechos básicos? ¿Obstaculizas su libertad? ¿Interfieres su manera natural y espontánea de manifestarse hacia el mundo? ¿La criticas demasiado? Si te parece tan horrible, ¿qué estás haciendo a su lado?

A veces, el mayor respeto es la honestidad. Cuando el número de quejas es mucho, hay gato encerrado. Ensaya a no influir sobre aquellos comportamientos de tu compañero o compañera que puedan ser negociables para ti. Cultiva la tolerancia y observa a ver qué ocurre. La naturalidad que provee el intento sincero de la aceptación producirá un contacto directo con la realidad afectiva en la que te mueves. Puede que te desinfles del

todo, que recuperes aquel viejo y olvidado motivo de amor inicial, o que descu-
bras una faceta imprevista y apasionante
que tu imperiosa necesidad egoísta no te
había dejado ver. Tus derechos terminan
donde comienzan los de los demás, y aunque parezca repetitivo y arcaico, los humanos no hemos sido capaces de aplicar
tan simple precepto.

En vez de imponer, sugiere.
Cuando quieras gritar, habla. En lugar de
golpear, acaricia. No estoy diciendo que
reprimas lo que piensas y sientes. Por el
contrario, la expresión de las emociones
es fundamental para tu salud mental, pero,
como dice Jalil Gibrán: "Si de veras tienes
que ser sincero, sé encantadoramente sincero". Si has encerrado a tu pareja en las
asfixiantes paredes del miedo a perderla,
entrégale la llave. Comienza a revisar y a
preguntarte seriamente qué tanta influencia ha tenido la educación en tu manera de
amar. ¿El respeto es un valor para ti? Si realmente lo es, consérvalo. Si lo has perdido,
recupéralo. Si nunca lo has tenido, constrú-
yelo. El respeto dignifica, promueve el en-

tendimiento y permite que el amor evolucione. Tal como reza un viejo proverbio: "Respeta al hombre y obrará mejor".

Comunicación-honestidad

Los obstáculos que impiden una comunicación fluida y tranquila son innumerables. Literalmente, cualquiera de los problemas y alteraciones que vimos anteriormente podrían ser la causa de una mala comunicación. Creencias irracionales, miedos, problemas de territorialidad, prejuicios, desconfianza, sumisión, en fin, la gran mayoría de trastornos afecta la capacidad de expresión.

"Asertividad" es un término que denota la capacidad de expresar libre y sinceramente pensamientos, opiniones, creencias, deseos y sentimientos, tanto positivos como negativos, respetando a los demás. En otras palabras, una persona asertiva es la que se comunica honestamente. Y como la experiencia ha enseñado, esta forma de expresión conlleva riesgos. Si decides ser asertivo, la mitad de tus "amigos" dejarán de serlo. No importa que tan amable y cuidadoso seas al hablar, si eres asertivo habrá consecuencias. Recientemente, un compañero de trabajo me devolvió un libro que le había prestado tiempo atrás. Al ver el estado lamentable en que se hallaba el texto, o lo que quedaba de él, le hice el reclamo de una manera cortés. Su respuesta fue: "¡Si quieres te compro otro!" Dejó de saludarme hasta el día de hoy.

La asertividad se restringe sólo a aquellos momentos donde los principios están en juego. Por ejemplo, si alguien me pisara un pie sin querer, no tendría sentido ser asertivo y expresar algún tipo de sentimiento u opinión al respecto, ya que no tengo un principio moral que diga: "Jamás aceptará que mi pie sea pisoteado por otro pie". Si no fue intencional y mi pie no está roto, es negociable; se aceptan las disculpas o se ignora el hecho. En el sentido opuesto, si estoy haciendo la fila de un banco y un avivato quiere robarme el puesto, mis principios actuarán de inmediato, sentiré una oleada de calor, una sensación de ira y la indignación moral del abuso. Sin gritar ni hacer escándalos, puedo defender mis derechos asertivamente: "Señor, respete la fila. Éste es mi lugar". Independiente del impacto que la afirmación tenga sobre el colador, haber expresado la inconformidad de manera asertiva bajará los niveles de adrenalina en mi organismo y la mortificación posterior de decirme a mí mismo: "¡Soy un solemne estúpido! ¡Me quedé parado sin abrir la boca!" Es cuestión de dignidad.

La asertividad también se hace extensiva al área afectiva: si deseo dar un elogio positivo a una persona que admiro y quiero, pero inhibo la expresión por miedo al rechazo, pena o inseguridad, no estaré siendo libre y honesto con mis sentimientos.

Nuestra cultura no ve con buenos ojos la expresión asertiva de sentimientos. Considera peligroso ser honesto en la comunicación. Las buenas relaciones sociales son aquellas donde se dice y hace exactamente lo que debe hacerse. "Donde vayas has lo que vieres". El problema comienza cuando las costumbres son contrarias a los propios intereses, valores y necesidades. La adaptación es buena si no se violenta la naturaleza interior. No estoy defendiendo la descortesía y la indelicadeza: estoy atacando la hipocresía, la falsedad y la cobardía de la diplomacia callejera.

De todas forma, sin importar el esfuerzo empático que se haga para disminuir la incomodidad que pueda producir la sinceridad, el asertivo suele ser visto como "mal educado". La imposición es clara y determinante: no importa qué tan considerado y cuidadoso seas al ser sincero, si lo que dices no es lo que espera oír la otra persona, ésta muy probablemente se sentirá ofendida de que no actúes o pienses como ella esperaba. Es absurdo, pero así es. Las indirectas son vistas como signos de buena educación. La sociedad que promueva la inasertividad como estilo comunicativo, estará instaurando la mentira como un valor y la falsedad como una habilidad socialmente lucrativa.

Los estudios de la comunicación han hecho un gran despliegue sobre la importancia de potenciar el impacto en el receptor para lograr la máxima eficiencia. Así, mirar a los ojos, el volumen y tono de voz, centralizarse en lo positivo, ser congruente, y muchas habilidades más, constituyen el paquete táctico de empresarios, líderes y publicistas. Sin embargo, en el amor, las estrategias conductuales fríamente calculadas, aunque necesarias en la expresión de algunos sentimientos negativos que puedan llegar realmente a herir a la otra persona, no son el meollo de la cuestión. En las relaciones afectivas sinceras no hay mucho qué vender y promocionar, la espontaneidad desprevenida suele ser más apreciada que el mercadeo programático. Mi intención es recalcar el aspecto más importante de la comunicación interpersonal afectiva, el fundamento principal a partir del cual los psicólogos comenzarán a construir e instalar cualquier habilidad comunicacional: la franqueza.

Los "buenos modales" se han exagerado tanto, que la forma ha adquirido más importancia que el contenido. La honestidad no necesariamente debe degenerar en vulgaridad. En el terreno amoroso, el "qué", puede llegar a ser muchísimo más importante que el "cómo". Si el contenido no es honesto, la forma pasa a un segundo plano. El requisito de la transparencia es una condición imprescindible para que el amor interpersonal progrese. Cuando tenemos la claridad de que amamos a alguien, la expresión "adecuada" suele producirse sin demasiado entrenamiento.

Si no tenemos nada qué ocultar, la mente se aquieta y los subterfugios, los circunloquios y las indirectas no interfieren la fluidez de la buena comunicación. Es en la elaboración de la mentira y el disimulo donde más tiempo y energía pierde el cerebro. No estoy negando la existencia de maneras más adecuadas de decir las cosas, sobre todo si son malas noticias. Lo que afirmo es que cuando la buena nueva del amor decide manifestarse, el filtro de los "buenos modales" y de lo correcto se vuelve añicos. Como una marea sin control, la expresión del verdadero amor no respeta cauce alguno. Se desborda con una fuerza incontenible más allá de cualquier regla comunicativa.

La sana expresión de afecto no sigue convencionalismos, simplemente ocurre, y cuando lo hace, no es acomodable a patrones de comportamiento preestablecidos. Un "te amo", sincero y ardiente, sobrepasa el análisis de cualquier experto en imagen. No importa cómo se diga, gagueado, sonrojado, mordiéndose las uñas, por altoparlante, en voz baja o agachando la cabeza; si es honesto, así se recibirá. Es cierto que podría pulirse cada uno de los microcomponentes para que "se vea más lindo", pero las poses fotogénicas no agregarían nada sustancial al mensaje.

La comunicación, tal como señalé antes, puede estar referida a sentimientos positivos o negativos. La expresión honesta de ellos es tan importante en un caso, como en otro. El contacto físico, los detalles, dar elogios, besar, contemplar y entregar ternura, pueden llegar a ser tan cruciales para la pareja como decir "no", hacer críticas, expresar cólera, depresión o tristeza. Si la expresión sincera de sentimientos se mantiene dentro de los límites del respeto, sin violentar los derechos del receptor, será un valioso aporte al crecimiento de la pareja. De hecho, el desconocimiento de lo que piensa o siente la persona amada, produce desconcierto e inseguridad. Por el contrario, si se recibe retroalimentación constante sobre el grado de satisfacción o insatisfacción, la probabilidad de hallar una solución favorable se incrementará notablemente. Tener acceso a la información del otro es imprescindible para evitar sorpresas inesperadas.

Resumiendo, si no hay una buena comunicación, la relación desaparece, porque no habría dos personas unidas sino dos monólogos aislados. La solución más importante de cualquier intercambio afectivo es la honestidad y los mensajes. A este tipo de sinceridad se la denomina asertividad. Cuanto más positivo sea un mensaje, menos importancia adquiere la forma. Cuanto más negativo sea, más trascendencia logra la manera de aminorar los efectos colaterales de la información. La expresión de sentimientos positivos que produce el amor es la mejor de las noticias: no demanda embellecedores artificiales, siempre será un acto de buen gusto, no importa lo que digan los expertos en "glamour". La expresión de sentimientos negativos que produce el desamor, la aburrición y el desencanto, aunque útil para avanzar en la convivencia afectiva, necesitan algo de anestesia, sobre todo si el receptor del mensaje es vulnerable a la asertividad. Por tal razón, la comunicación sincera, pero irrespetuosa e insensible, es reprochable, además de peligrosa.

Quizá seas de esas personas a quienes no les gusta hablar demasiado sobre sus sentimientos. Ya sea por miedo, convicción o pereza, te has acostumbrado a cerrar los canales de la comunicación. Te has inventado tus propios codificadores. Has instaurado un extraño código del silencio, donde tu pareja se ha visto involucrada sin saber qué hacer. Has enmudecido el lenguaje del amor porque crees que todo se sobreentiende. Das por sentado que todo está dicho. No me refiero solamente al lenguaje hablado, sino al acto de intercambiar todo tipo de mensajes. Cuando abrazas te estás comunicando. Lo mismo ocurre cuando sonríes, te mueves o haces una mueca.

Comunicarse asertivamente es darte a conocer tal cual eres. Es volverte más accesible a la "descodificación" ajena. La premisa de "expresar sólo lo necesario" te debe de haber llevado a callar, ocultar, omitir, disimular y fingir casi todo el tiempo ¡Qué desgaste! ¿No estás cansado de jugar a las escondidas? Aunque ofrezcas resistencia, tu organismo te hará salir del refugio subterráneo que has fabricado. Te has pasado la vida enterrando todo tipo de sentimientos y lo único que verdaderamente has logrado es hundirte a ti mismo y a las personas que te aman. Preséntate frente a tu pareja sin más armas que la honestidad. No eres tan horrible como para enclaustrarte detrás de tanto anonimato.

Si decides expresarte honestamente, descubrirás que eso gusta, relaja y engrandece. Has intentado jugar un doble papel imposible: clandestino del amor, añorando el amor. Tanto sigilo te ha llevado a ser como un fantasma afectivo. Peor aun, te has ocultado tan bien, que ya no puedes encontrarte a ti mismo. El amor transita otros caminos. Sal al descubierto. Deja que la persona que dices amar te conozca. Dile quién eres, muéstrale cómo eres. Comunícalo todo, lo bueno y lo malo, lo estúpido y lo inteligente, el miedo, el dolor y tus sueños. Descubrirás que no has ejercido el derecho elemental a ser emocionalmente libre ¿Qué puedes perder siendo asertivo? ¿Acaso hay algo peor que el exilio afectivo en el que te encuentras? Con seguridad aún te quedan restos para jugar otra mano. Ensaya a ser honesto, manteniendo el respeto y la sensibilidad por el otro, y cuando te conectes con los demás y disfrutes de la sana costumbre del intercambio, descubrirás que el amor necesita fluir para mantenerse vivo.

El delicado equilibrio del
amor interpersonal

Cuanto más complejo es un sistema, más delicado y frágil es su accionar. Los componentes del amor que señalé se asemejan a un mecanismo de alta precisión y, salvo aisladas excepciones, prácticamente imprescindibles para que el amor interpersonal crezca. Cada uno de ellos se entrelaza para conformar una red esquemática altamente reactiva e hipersensible a cualquier cambio, sea éste interno o externo. Cada uno de los elementos debe encajar en el funcionamiento global para que el amor sano se sostenga. Si tal sincronía no se produce, la estructura corre el peligro de derrumbarse sobre sí misma y autodestruirse. Cuando cualquier componente se altera, el paquete total funciona mal. La orquesta comienza a desafinar. Similar a lo que ocurre en el cuerpo humano, si el corazón, el hígado o los riñones de dañan, el sistema todo se altera. Si la comunicación es deficiente, el amor, silenciosamente, decae hasta enmudecer. Una relación irrespetuosa es destructiva. Sin admiración, el vínculo afectivo deja de existir. Ni qué hablar del deseo.

Algunas parejas logran atajar a tiempo el bajón y con ayudas adecuadas reactivarlo. Otras se dan cuenta muy tarde y ya nada puede hacerse, porque en el contexto afectivo algunas pérdidas son irrecuperables. Como vimos antes, pese a que ciertos componentes de la relación amorosa pueden eventualmente mejorarse, otros, una vez desaparecidos, no pueden crearse a voluntad; solamente obran por generación espontánea.

El deseo-atracción no es adquirible psicológicamente. No es producto de la voluntad. No es una decisión mental. Cuando alguna pareja consulta por falta de deseo, lo primero que hace el psicólogo es verificar si todavía quedan trazas de pasión para intentar reactivarlo, desbloquearlo o facilitar su reaparición. Pero no puede enseñarse.

Algo similar ocurre con la admiración. Cuando no hay tal sentimiento, con mucha paciencia y horas extras se logran detectar algunos rasgos interesantes en la pareja. No obstante, la admiración por el ser completo y por su esencia es absoluta y categóricamente inaprendible.

La sintonía ofrece una posibilidad interesante de reestructuración y arreglo. Y es cuando existen raíces históricas comunes. En estos casos siempre es posible volver a los orígenes y arrancar. Si la educación y la formación recibida son compatibles, la probabilidad de acuerdo se incrementa. Cuando no es así, al igual que dos rectas paralelas, los enamorados sólo se encuentran en el infinito. O sea, bajo ciertas circunstancias, la sintonía es educable.

El humor, contrariamente a las aficiones y pasatiempos, es definitivamente imposible de aprender.

Crear sensibilidad escapa a las posibilidades actuales de la ciencia psicológica. No es cultivable, no es transmitible, a duras penas explicable y demasiado visceral para hablar de ello.

La entrega, vista como buenas acciones tipo "boy scout", es entrenable, pero la sinceridad y el impulso que le brinda el amor, no. Una entrega obligada, no guiada por la sensibilidad afectiva, ayuda, pero no alegra el alma.

El respeto permite aliviar la frustración profesional del psicólogo y mejorar el panorama terapéutico. Es posible enseñar autocontrol, revisar valores, crear nuevos principios, aprender defensa personal, relajarse, dejar de robar y disminuir las ofensas, deteniendo el pensamiento y aprendiendo diversas técnicas y habilidades. Aunque algunos pacientes necesitan ser "upaquizados" durante meses o años por el psiquiatra y/o el psicólogo, el resultado suele ser positivo.

La comunicación asertiva se puede aprender y está de moda. La honestidad no es entrenable y no está de moda.

Así es el amor interpersonal. Una compleja, delicada y balanceada estructura de carácter humano, complicada de arreglar cuando se desorganiza, y prácticamente imposible de reemplazar cuando se daña. El esfuerzo y la tenacidad permiten la reparación de ciertos factores alterados pero, desgraciadamente, algunos de sus principales elementos sólo se encuentran en estado puro y no contamos con la tecnología para imitar a la naturaleza y producirlos a voluntad.

Unas palabras para terminar

Como te habrás dado cuenta, el amor es un fenómeno esquivo. Cuando uno cree haberlo atrapado conceptualmente, la experiencia personal nos muestra otra cosa. Mientras la ciencia persiste en utilizar el método hipotético-deductivo para comprenderlo, la intuición conversa con él cara a cara. Poseemos una singular percepción de qué es el amor, un sexto sentido para detectarlo y disfrutarlo.

Muy probablemente, desde los orígenes, el hombre obtuvo la bendición de amar como algo natural y alejado de toda contaminación. No sólo la naturaleza vivía tranquilamente su equilibrio vital sin interferencia alguna, sino que la mente, al dar sus primeros pasos, era inofensiva e inocente. Es posible que en el comienzo transparente de los siglos, la realidad del amor se manifestara por derecho propio, sin reglas ni tabúes, como una puesta de sol, la lluvia y el curso de los ríos.

La evolución del hombre y su encarnizada ambición han profanado el planeta y la fuerza primaria del amor verdadero. Han quebrantado su pureza. Esa innata capacidad de hacer contacto y vivir en concordancia con el amor se ha desvirtuado. El hombre ha desviado el rumbo y se ha encerrado en un hábitat cada vez más asfixiante y desmoralizador. El amor, concebido desde sus inicios como un hecho común y corriente, ha sido manoseado con tal desatino, que ya es irreconocible.

La seducción y la sorpresa que vemos en él, no es otra cosa que la añoranza ancestral de haber perdido su presencia espontánea y habitual. Nuestra fisiología lo extraña. Los condicionamientos culturales han separado el amor primitivo de nuestros huesos; lo han desgarrado. No hay nada raro en el amor. Él debería estar formando parte de la existencia como cualquier otra manifestación de la naturaleza. Su carencia nos ha llevado a exaltarlo hasta convertirlo en un dios, pero la grandiosidad reside precisamente en su simple y terrena humanidad. Cuando dentro de algunos cientos de años la atmósfera sea irrespirable, vivamos en bóvedas de acero, inhalemos oxígeno reciclado y recordemos melancólicos la maravillosa experiencia de sentir el aire fresco en nuestros alvéolos y el color azul del cielo, el síndrome de abstinencia hará del ozono una experiencia sobrenatural y esotérica. No faltará quien le rinda culto.

¿Habrá en nosotros una oculta y lejana reminiscencia genética sobre el amor original, la cual nos negamos a olvidar? Pienso que el ser humano no se ha resignado al desamor, y en determinadas situaciones, aún no conocidas por la ciencia, aflora esa milenaria aptitud de sentir aquéllo que el organismo y la bioquímica más profunda de nuestro cuerpo conoce, pero que la mente desconcoce y entorpece. De ahí que el amor no sea fácilmente desentrañable, pero si vivenciable, porque aunque aporreado y maltratado, sigue fiel en su misión. Nunca nos ha dejado. Todavía poseemos la capacidad limpia de entregar y recibir amor, aunque la mente la ha ocultado tras un sinnúmero de capas y condiciones artificiales.

Despertar al amor no es inventar nada nuevo. Sólo se necesita retirar el arrume de irracionalidad que durante miles de años ha ido depositando la cultura y la perversión social. Ésa es la tarea. Sólo quitar y eliminar los absurdos agregados impuestos por el hombre, como deshojando margaritas, a ver qué queda al final. Entonces descubriremos un factor común. Más allá de las apariencias, los conceptos, la multiplicidad de criterios y las diferencias individuales, que siempre existirán, una vieja biología compartida y trasmitida de generación en generación aparecerá impávida. Al desenterrar el amor, hallaremos un sentimiento realista, honesto, respetuoso, digno, fresco y natural, pero jamás perfecto. Hay que sacar a flote el amor congénito para que nuevamente transite entre nosotros. Y no será magia o milagro, sino algo tan normal como la vida misma.